無上菩提修行藍圖

《大乘莊嚴經論》解說（上）

金剛上師
卓格多傑
著

譬如飲藥苦，病差則為樂；住文及解義，苦樂亦如是。
譬如難事王，因事得威力；如是難解法，因解得法財。
譬如見生寶，不別則不愛；如是聞妙法，不覺亦不喜。

彌勒菩薩◎造頌　世親菩薩◎釋論
大唐天竺三藏波羅頗蜜多羅◎譯

《大乘莊嚴經論》解說（上冊）
無上菩提修行藍圖

Contents

Contents

上冊　目次

丁二 思惟所修六神通：〈神通品〉

戊一 神通之自性

戊二 神通之因

戊三 神通之果

戊四 神通之業用

戊五 神通之相應

戊六 神通之分類

戊七 結讚大乘神通之殊勝

丁三 思惟得諸功德之因成熟自相續：〈成熟品〉

戊一 自成熟

己一 總標略說

己二 其義廣說

庚一 欲成熟

庚二 信成熟

庚三 捨成熟

庚四 悲成熟

庚五 忍成熟

庚六 念成熟

庚七 力成熟

庚八 堅成熟

庚九 支成熟

己三 攝義

《大乘莊嚴經論》第1講

根據布頓（1209-1364）《佛教史大寶藏論》說，彌勒菩薩以神通力帶領無著菩薩（395-450）到兜率天，開示教授《般若經》及其他大乘經典，並應無著菩薩的要求，將諸經深義寫成《彌勒五論》，包括揭示《般若經》密意道次第，重於建立思想架構的《現觀莊嚴論》和重於實修指導的《大乘莊嚴經論》（以後簡稱爲《莊嚴經論》）。返回人間後，無著菩薩除了將《彌勒五論》輯錄成文字外，亦將自己從彌勒菩薩所學，寫成《無著七論》，包括《攝大乘論》、《阿毘達磨集論》和《瑜伽師地論》。由於《瑜伽師地論》由〈本地分〉、〈攝抉擇分〉、〈攝釋分〉、〈攝異門分〉和〈攝事分〉五部份組成，故別稱爲《五地論》。其中〈本地分〉中〈菩薩地〉所述深隱要義，與《莊嚴經論》分品結構幾近一致；如果我們認同無著菩薩上升兜率聽彌勒菩薩説法的話，〈菩薩地〉便可視爲無著菩薩是讀通《莊嚴經論》後，在那爛陀寺爲眾講學時所寫，比《莊嚴經論》晚出。事實上，兩者不同之處是：《莊嚴經論》將大乘經典妙義善説，付之實踐，依修起證，盡顯佛德。其次是，《莊嚴經論》的修辭手法，跟很多大乘經典一樣，喜用譬喻手法來寫作。例如讚美佛善説大乘經典，彌勒菩薩便是以五種事物來譬喻「五義」——菩薩修行時所經歷的五種處境；「譬如金成器，譬如花正敷，譬如食美膳，譬如開寶篋。」

至於本論的造頌者是彌勒菩薩，經由無著菩薩輯錄成文字，傳給世親菩薩（400-480）後，再由世親菩薩作釋論。由梵文譯成漢語者爲大唐天竺三藏波羅頗蜜多羅（意譯明友 565-633）。根據明友譯師於武德九年（626）入興善寺譯經，並於貞觀七年（633）圓寂；估計《莊嚴經論》是這八年內譯成。此外，龍欽心髓派祖師米滂仁波切（1846-1912）撰寫的《勝乘甘露喜筵》，繼承了世親菩薩以五義所安立、分別所知、所思惟、不可思議和圓成證得對應貫串全論；並反復設問，解釋圓滿；是讀《莊嚴經論》不可或缺的參考書。而爲了令初學者容易掌握本論，我採用「節要」的方法，以梵文英譯本和唐譯本對讀合論，將自世親菩薩以後的印藏大德對本論流於繁瑣的解釋刪除。在梵文英譯方面，我採用了AIBS出版的The Universal Vehicle Discourse Literature一書。

今堂介紹全論中屬序言部份的〈緣起品〉，交待彌勒菩薩寫《莊嚴經論》的目的，且簡介其內容結構、本論的作用和功德。世親菩薩首先介紹彌勒菩薩造論的目的：祂了解大乘經典所述的種種境界和要用甚麼智慧來達到這些境界的精義；基於大悲心，祂不爲世俗任何目的，僅情不自禁地爲了救度眾生離苦得樂，以無垢言和無垢句向追求發心趣向大乘的人，用五義貫串整個修菩薩行的種種境界，導引他們達致無上菩提。「義智作諸義，言句皆無垢；救濟苦眾生，慈悲爲性故。巧説方便法，所謂最上乘；爲發大心者，略以五義現。」彌勒菩薩又以具象比喻文學手法，解釋五義；並説明在五義莊嚴下，所有聞思本論的修行人都會法喜充滿。「五義法莊嚴，歡喜亦如是。」彌勒菩薩以親手打造的黃金器皿來譬喻信向（所安立），令發大心者相信大乘佛經是佛説；以盛放的蓮花來譬喻受教（分別所知）的修行人對學習大乘充滿自信，一往無前地走菩薩道；以久飢未食者見到擺在桌上的美食來譬喻思惟（所思惟），令行者時刻聞思諸法眞實義、神通力和成辦自他根器；以在信中得悉喜訊來譬喻修習（不可思議），説明修行人依教奉行，必得到不可思議的無上菩提；最後以打開藏寶箱，逐一撿出箱內寶藏來譬喻證得（圓成證得），通過各種修行次第，從而獲得菩薩道地功德。「譬如金成器，譬如花正敷，譬如食美膳，譬如解文字，譬如開寶篋，是各得歡喜。」無論處於何種深淺不同、形式各異的修行階段，修持菩薩道的行者都常懷歡喜。最後，彌勒菩薩又以譬喻手法，說明《莊嚴經論》雖如苦藥般氣味難聞，文句艱深難解；但通曉內容，信解義理後，便法喜充滿，精神爽利。讀這部論亦如難事王，初則難討其歡心，可是一旦令國王相信自己，便福祿永昌；通達論中各種菩薩學處，更能獲殊勝功德聖財。亦好像無價寶石，要識寶者才會欣賞；讀《莊嚴經論》亦一樣，要福德大，有信解的修行人才懂得希有珍重。「譬如飲藥苦，病差則爲樂；住文及解義，苦樂亦如是。譬如難事王，因事得威力；如是難解法，因解得法財。譬如見生寶，不別則不愛；如是聞妙法，不覺亦不喜。」

甲一 論名：《大乘莊嚴經論》

梵文Mahāyānasūtrālaṁkāra，Mahāyāna指大乘，sūtra指經，ālaṁkāra是莊嚴的意思。依字面譯爲《莊嚴大乘經》，而「論」字是譯師後來加上去。近人一般將本論簡稱爲《莊嚴經論》；被視爲是彌勒菩薩爲了宣揚大乘經教，開顯大乘經義的作品。爲甚麼彌勒菩薩要寫本論來宣揚大乘經呢？依據世親菩薩的解釋說：「（大乘）經義深隱難解，如實顯了經中正義，故名《莊嚴經論》。論解此經故得『莊嚴』名。」（註釋1）

第一　緣起品

甲二 正論

乙一 如何造論之方式

本論全文結構，如果參考無著菩薩在《瑜伽師地論》〈菩薩地〉的排列，可以分成：所學處、如是學和修學者三部份。「所學處」包括〈緣起品〉、〈成宗品〉、〈皈依品〉、〈種性品〉、〈發心品〉、〈二利品〉、〈眞實品〉、〈神通品〉和〈成熟品〉（註釋2）。「如是學」包括〈菩提品〉、〈明信品〉、〈述求品〉、〈弘法品〉、〈隨修品〉、〈教授品〉和〈業伴品〉（註釋3）。「修學者」包括〈度攝品〉、〈供養品〉、〈親近品〉、〈梵住品〉、〈覺分品〉、〈功德品〉、〈行住品〉和〈敬佛品〉（註釋4）。很明顯，後來唯識宗的安慧論師（510-570）將本論分成三部份：修學何者、如何修學和何人修學，即沿襲無著菩薩。

無著菩薩之親弟世親菩薩造《大乘莊嚴經論釋》時，以五義將本論分成五部份。甚麼是「五義」？義，指境；亦即修菩薩行的處境。世親菩薩在註釋〈緣起品〉頌三和四時說：「如其次第，能令發大心者信向故、受教故、思惟故、修習故、證得故。」第一、「**信向**」：亦作所安立，指相信大乘佛經是佛說；包括〈成宗品〉。二、「**受教**」：亦作分別所知，對學習大乘充滿信心，法喜充滿，當抉擇過大乘確比二乘殊勝後，一往無前走菩薩道；包括〈皈依品〉、〈種性品〉、〈發心品〉和〈二利品〉。三、「**思惟**」：亦作所思惟，指趣入大乘者應時刻思惟諸法眞實義、神通力（註釋5）和成辦自他根器；包括〈眞實品〉、〈神通品〉和〈成熟品〉。四、「**修習**」：亦作不可思議，一般來說，凡夫沒有無漏智，不能通達眞如離言自性，感謝佛將體證眞如離言自性的經驗，傳授給未獲無漏智的修行人，使我們亦可以透過有漏智聞思眞如離言自性，並確信依所教授修習，必證眞如；此唯〈菩提品〉。五、「**證得**」：亦作圓成證得；世親菩薩作了一個譬喻，前面〈菩提品〉就好像國王頒下詔令賞賜某臣子，臣子雖未即時領到賞賜，但深信稍後這些賞賜必會到手，因此很開心。修行人依大乘道修行，最終必獲「菩提」；所以修行人由〈明信品〉開始經〈述求品〉、〈弘法品〉、〈隨修品〉、〈教授品〉、〈業伴品〉、〈度攝品〉、〈供養品〉、〈親近品〉、〈梵住品〉、〈覺分品〉、〈功德品〉、〈行住品〉至〈敬佛品〉爲止，陸續實現圓滿得佛果的道地功德；就像臣子陸續收到國王的禮物一樣。所以彌勒菩薩以「譬如開寶篋」的文學手法來形容〈菩提品〉不可思議的寶藏，正正就藏在寶篋內，要修行人陸續由〈明信品〉到〈敬佛品〉各道地次第中，從寶篋裏撿出寶藏，是爲「證得」。

嗡！敬禮諸佛及一切菩薩眾！

一　義智作諸義，言句皆無垢；
救濟苦眾生，慈悲為性故。
巧說方便法，所謂最上乘；
為發大心者，略以五義現。

佛陀（亦可視為彌勒菩薩）了知大乘經典所述的境界和精義，又能以無垢言和無垢句等概念文字表達出來，為的都是救度眾生遠離痛苦，祂確實是大悲的化身。向那些追求無上乘教法殊勝義理，並且已發菩提心的人，以優雅的文法來開顯殊勝五義。

「義智作諸義」中第一個「義」解作境界，指佛以智慧了知成佛之道中各種境界。第二個「義」解作述義，把這些智慧和境界的精要表述出來。世親菩薩用了八條問答來解釋這頌。

第一：誰人造這部《莊嚴經論》？是那位能思擇《莊嚴經論》的精義的人（指彌勒菩薩）。

第二：何以說祂思擇出這部《莊嚴經論》？因為祂將論中精義表述出來。

第三：祂用甚麼表述出《莊嚴經論》的精要？祂以無垢言和無垢句來表述。所謂無垢言是指能帶領我們進入涅槃城的文意；所謂無垢句是合乎文法並與文意相應的語言文字；離開「無垢言」和「無垢句」便無法向信眾表達出《莊嚴經論》的精義。

第四：祂為甚麼要造《莊嚴經論》？為了救度眾生離開痛苦。

第五：祂救度眾生有何動機？菩薩看見眾生受苦，內心便情不自禁地生起大悲救度之心。

第六：祂用甚麼方法救度眾生呢？善巧地宣說殊勝的大乘經教。

第七：對哪些人宣說殊勝大乘經教呢？對那些追求大乘經教並已發了菩提心的人。

第八：用甚麼方法來開顯呢？以無垢言句連貫「五義」來開顯，導引修行人達致無上般若智慧的境界。

「五義」是甚麼呢？義，這裡指處境；五義是指由發心至成佛，可以用五個處境來貫串菩薩道種種歷程和方位。彌勒菩薩這樣說：

二　譬如金成器，譬如花正敷，
譬如食美膳，譬如解文字，
譬如開寶篋，是各得歡喜；
五義法莊嚴，歡喜亦如是。

這裡所說的教法將會為眾生帶來殊勝的喜悅，就如親手打造成的黃金器皿，如盛放的蓮花，如擺放在為飢渴所迫者面前的美食，如在信中得悉的喜訊，又如一箱打開了的寶藏。

彌勒菩薩強調，學習經教不只在於了解文字上的意義，更重要是在於藉教義改善我們的生命質素，尤其得到精神上的喜悅。《莊嚴經論》就透過五義，令眾生歡喜。世親菩薩解釋這首頌說：「此中五譬即譬彼五義莊嚴。」如果將五譬喻對應五義，就可以窺看到整部《莊嚴經論》的思想脈絡和全套菩薩修行方案。「金成譬，爲令信向轉彼心故。」指〈成宗品〉令修行人轉心向法。「華敷譬，爲令受教開示彼故。」指〈皈依品〉至〈二利品〉，向發心趣入菩薩乘者開示大乘不共法。「食膳譬，爲令思惟得法味故。」指〈眞實品〉、〈神通品〉和〈成熟品〉，令趣入菩薩乘者了解眞如離言自性，修持神通和成熟根器自利利他。「解文譬，爲令修習更不思故。」指佛在〈菩提品〉中將體證佛果的經驗，傳授給尚未獲佛果的修行人；令修行人明白現在雖未證佛果，但若是依教奉行，不久必獲證不可思議的佛果。「開篋譬，爲令證得眞實菩提分寶自覺證故。」指〈明信品〉至〈敬佛品〉等十二品；由於次第修行菩薩道，猶如打開藏寶箱將寶物逐件取出一樣，菩薩道地功德漸次增上廣大。

世親菩薩總結說：大乘的殊勝就是透過這五義彰顯出來；故能令修行人充滿希望，生起歡喜，積極進取。

質疑：大乘佛經本身已義精文妙，具足功德；為何還要彌勒菩薩造《莊嚴經論》來嚴飾？

解惑：彌勒菩薩造《莊嚴經論》能彰顯經義，令聞者倍感喜悅。

三　譬如莊美質，臨鏡生勝喜！
妙法莊嚴已，得喜更第一。

猶如天生麗質者略經妝扮後，對著鏡子更能令自心倍感喜悅自信；同樣，大乘教法本身雖具顯赫光芒，再經彌勒菩薩重點闡析後，對菩薩智者來說，會特別稱心滿意。

質疑：話雖如此！聽聞《莊嚴經論》者究竟有何利益致令聞者恭敬信受呢？

解惑：彌勒菩薩的《莊嚴經論》具三種功德，用以下三頌分別解釋。

乙二 如是所造之論

丙一 所安立（信向大乘經為佛所宣說）

丁一 總說

四　譬如飲藥苦，病差則為樂；
住文及解義，苦樂亦如是。

就好像刺鼻但味甜的良藥，應知道大乘教法有兩層含意：初則艱深難解的文句和通曉內容後獲得信解利益。

《莊嚴經論》第一種功德是斷障因功德。好像服苦藥時，初時怕它刺鼻的氣味，但服後令病情舒緩；便覺得快樂。讀《莊嚴經論》亦都如此：「住文時苦，味難得故；解義時樂，障病破故。」能透過經文，信解義理，就能斷除障礙。

五　譬如難事王，因事得威力；
如是難解法，因解得法財。

如侍奉國王難以得其歡心，此大乘教法廣大甚深、難信難解；但你一旦取悅國王後，國王便賞賜威權給你；你信解大乘教法後，便成為授予殊勝法義寶藏者。

《莊嚴經論》第二個功德是顯自在因功德。如世間難侍的國王，他是權力的來源，如果令國王相信你，你便受封得賞，福祿永昌。同樣，大乘法教雖則廣大甚深，難信難解；然而，一旦信解佛法，依教奉行，便能獲得殊勝功德聖財。

六　譬如見生寶，不別則不愛；
如是聞妙法，不覺亦不喜。

正如一塊無價之寶石是提不起非寶石鑑賞家（普通人）的興趣。同樣，聽聞大乘妙法，缺乏信解者是不會生起愛重之心；相反，能信解大乘者便心生喜悅。

《莊嚴經論》第三個功德是妙喜因功德。譬如一顆無價寶石，普通人會覺得它跟普通石頭一樣，一文不值；如果換了是寶石鑑賞家，便珍愛寶貴了。大乘教法亦是一樣，愚癡者認爲百無一用，脫離現實；所以不起敬愛之心；相反，肯去思考、有信解心的修行人會恭敬歡喜，精進希求大乘教法。

修行人如果對《莊嚴經論》以上三個功德勝解信受；就踏入信向大乘經的第一步。

註釋：

1. 世親菩薩在《攝大乘論釋・卷八》解釋何謂《大乘莊嚴經論》的語句。
2. 相當於〈菩薩地初持瑜伽處〉前六品，包括〈種性品〉、〈發心品〉、〈自他利品〉、〈真實品〉、〈威力品〉和〈成熟品〉，分別細說菩薩的種性、發心、自利利他的途徑、世出世的真理、佛菩薩的威力和成就有情的方法。
3. 相當於〈初持瑜伽處〉的〈菩提品〉和〈力種性品〉，主要說如何成就佛果和無上佛果的境界。
4. 相當於〈初持瑜伽處〉的〈施品〉、〈戒品〉、〈忍品〉、〈精進品〉、〈靜慮品〉、〈慧品〉、〈攝事品〉、〈供養親近無量品〉、〈菩提分品〉、〈菩提功德品〉；和〈隨法瑜伽處〉的〈真實諸菩薩相品〉、〈分品〉、〈增上意樂品〉和〈住品〉；還包括〈究竟瑜伽處〉的〈生品〉、〈攝受品〉、〈地品〉、〈行品〉和〈建立品〉。前者主要述說菩薩修學法門，〈隨法瑜伽處〉是解說菩薩五大特徵和三十二種對有情應有的態度和速證佛果的菩薩十二種住。〈究竟瑜伽處〉說明菩薩受生的動機和形式、攝受有情的六種方法、七地、一切菩薩地的四種行門和總述佛感得的一百四十不共法。一般來說，初持瑜伽是境，隨法瑜伽是行，究竟瑜伽是果。
5. 根據大乘教義，無論空有二輪，都是要求修行人為了利益眾生，須具備神通能力。前者如龍樹菩薩《寶行王正論》〈出家正行品〉頌九十三：「願我得五通，恆隨一切生！」後者如《瑜伽師地論‧菩薩地‧戒品》：「不現神通作怖攝。」

應用思考問題

1. 由於無著菩薩從兜率天聽受彌勒菩薩開示大乘經典密意，返回世間後在法苗寺寫成《彌勒五論》；之後又在那爛陀寺為學生編纂《無著七論》，介紹彌勒菩薩的教法。前者是由無著菩薩記錄彌勒菩薩教法，所以作者是彌勒菩薩；而後者是無著菩薩整理彌勒菩薩的教法，所以作者應歸無著菩薩。例如《大乘莊嚴經論》是由彌勒菩薩所造，而《瑜伽師地論》〈菩薩地〉的作者是無著菩薩。據此，你能分別出藏經中哪些論典雖題為無著菩薩，但實應是彌勒菩薩所造嗎？你又能否說出釐清這些論典的作者屬誰的重要性嗎？（例如有人認為〈菩薩地〉先出，而《莊嚴經論》是受其影響，這個說法是否值得商榷？）
2. 試詳細解釋《大乘莊嚴經論》的論名。
3. 試參考無著菩薩《瑜伽師地論》〈菩薩地〉的結構方式，分析《大乘莊嚴經論》結構。（近代很多大德對無著菩薩以所學處、如是學和修學者所對應〈菩薩地〉的章品，意見不一，大家亦可一併比較抉擇。）
4. 試略述世親菩薩如何以五義將《莊嚴經論》分為五部份的大概，並解釋五義中「義」作何解。
5. 世親菩薩以八題問答解釋頌一，說明彌勒菩薩造《莊嚴經論》的動機；試依頌文解釋。
6. 世親菩薩讚美彌勒菩薩通曉大乘經典所述的各種境界和精

義，又能以無垢言（無謬的概念）和無垢句（精準的遣詞用字）表達出來，並寫成《莊嚴經論》，以五義詳細陳述菩薩修行的各種層面和經歷，以及大乘的殊勝功德；並以五種譬喻結合五義，貫串整部《莊嚴經論》。你能將五譬結合五義，說明菩薩修行各種層面和經歷嗎？

7. 有人質疑：大乘經典本身已義精文巧，具足功德；彌勒菩薩毋須另造《莊嚴經論》來莊嚴大乘經典。世親菩薩如何反駁這一見解？試依頌三說明。

8. 〈緣起品〉頌四和五分別說明《莊嚴經論》具備斷障因、顯自在因和顯妙喜因三種功德；試依頌文解釋之。

9. 波羅頗蜜多羅翻譯世親菩薩解釋彌勒菩薩《莊嚴經論》偈頌及釋論文句，在遣詞用字上都能合乎信雅達標準，達到令人易讀易明的效果。試以白話翻譯世親菩薩釋文中的「五譬五義」和「三種功德」。

10. 〈緣起品〉主要介紹《莊嚴經論》的全文大意和對大乘教法的三種功德貢獻；試分別說明之。

《大乘莊嚴經論》第2講

上堂提到彌勒菩薩通曉大乘經典所述的境界和精義，爲了救度眾生遠離痛苦，祂以無垢言和無垢句，透過五種譬喻結合五義，詳述菩薩修行的各種層面和經歷，貫串整部《莊嚴經論》；令已發菩提心和追求大乘教法的修行人獲得殊勝的喜悅。「譬如金成器，譬如花正敷，譬如食美膳，譬如解文字，譬如開寶篋，是各得歡喜；五義法莊嚴，歡喜亦如是」。繼而提到《莊嚴經論》具有斷障因、顯自在因和妙喜因三種功德；若修行人勝解信受這三種功德，就踏入信向大乘經的第一步。「譬如飲藥苦，病差則爲樂；住文及解義，苦樂亦如是。譬如難事王，因事得威力；如是難解法，因解得法財。譬如見生寶，不別則不愛；如是聞妙法，不覺亦不喜」。

今堂講解〈成宗品〉，彌勒菩薩分八點來證明大乘教法是眞實佛語，並且能饒益一切有情。「不記亦同行，不行亦成就，體非體能治，文異八因成」。爲甚麼彌勒聖人一開首便要破邪顯正呢？原因是當時小乘（我用「小乘」這個名詞是中性詞，屬專有名詞，不是貶義詞；我採用世俗傳統用作對比分類的方法，聲聞乘和獨覺乘合稱小乘，菩薩乘稱大乘）根據《南傳大藏經長部·大般涅槃經》中記載；凡契經和毗奈耶沒有的東西，就不是佛說。由於大乘無論是《般若經》的空輪，抑或《解深密經》的有輪，都提出空性學說，所謂諸法無自性；所以在龍樹菩薩（150-250）至無著菩薩（395-470）的年代，一些保守的上座大德認爲阿含和佛律都沒有空性的說法，故提出「大乘非佛說」。爲此，大乘先有龍樹菩薩、聖天菩薩；後而彌勒菩薩、無著菩薩都要出來澄清說：佛因應眾生根機，所以初轉法輪，說蘊界處、四諦、十二因緣這些偏重世俗現象界的教法；而這些緣起理論，其實隱含了甚深空義；後待弟子根機穩固了，佛再二轉法輪，說般若觀空法門。其實大乘只是小乘的延續，正如龍樹菩薩在《寶行王正論》所言：「於大乘無生，小乘說空滅，無生滅一體，自義莫違反！眞空及佛德，若如法簡擇，大小兩乘法，於智人何諍！」雖然龍樹菩薩企圖調和意見，令僧團無諍；但一些小乘部派出家的僧人傲慢氣焰仍十分旺烈，繼續提出「大乘非佛說，不能饒益眾生！」來打擊大乘。一直持續了二百多年，直至無著菩薩公開《莊嚴經論》彌勒菩薩破邪顯正的教言，小乘人才收歛氣焰。根據多羅那他（1575-1634）《印度佛教史》記載：「龍樹（菩薩）時期僧伽大多數也是聲聞，這位（無著）阿闍梨時期大乘比丘有好幾萬人，由於這些原因，（無著菩薩）稱爲一切大教法宗主。」由此可見，〈成宗品〉對調伏頑固異見的小乘人的確起了很大的作用。

第二　成宗品

丁二 別說

戊一 宣說破斥邪見之諸種理論

彌勒菩薩開宗明義申述大乘經是佛爲利益眾生所說；並破斥那些刻意貶低大乘教法價值的邪見。

質疑：「大乘教法根本不是佛所說；因此不會爲眾生帶來裨益！」

解惑：現在我提出「八因」來證明大乘教法是眞實佛

語。

一　不記亦同行，不行亦成就；
體非體能治，文異八因成。

為甚麼說大乘是佛語？因為佛未授記說過大乘非佛說，會危害聖教；因為大、小乘同是佛在世時產生；因為大乘經的境界不是忖度者例如外道、知解宗徒所能思議，所以他們沒有能力偽造大乘經；因為只有佛才有功力說大乘經；因為大乘經和小乘經同為佛語，如果大乘經不是佛語，小乘經亦不是佛語；因為大乘不能成立則無佛，無佛又安能說小乘？因為大乘空性學說可對治無明；因為大乘經在字裡行間能透出佛的密意。

在早期歷史記錄中，例如第一次結集提及佛說法時，只有一些聲聞弟子出席聽法，如千二百五十人的常隨徒眾、舍利弗和目犍連；再者，上座大德在窟內結集出的佛說三藏教典，其中都沒有大乘經典，這難免惹起諍論（註釋7）。然而，我們要知道佛示現說法，除了要看講者，還得看聽眾和場所才去啓導眾生，聞法的眾生也要具備相當的戒行和福德；眾緣和合，釋尊講道才能成事。釋尊在大乘經中常提到與數千阿羅漢、數萬菩薩在靈鷲山現場說法。我們到過靈鷲山遺址看過就知道，靈鷲山面積很小，根本就容納不了成千上萬普通身材的凡夫。如果我們堅信佛語不虛的話，就可以由此推斷，佛說大乘教法的對象，並非一般的普通人，而是信願戒行比聲聞凡夫更高遠清淨、擁有變化神通、莊嚴微細天身、福慧厚重的佛弟子。說法場所亦不限於地球、太陽系，甚至欲界天的某個角落，佛選擇在甚深活現的禪定境界中說法。所以執著只有小乘經爲佛說，明顯是缺乏常識；相反，如果承認慈悲的佛陀會隨眾生不同福報而說小乘，亦會說大乘；這才是智者的想法。（註釋8）

爲了開導小乘人的迷執，彌勒菩薩提出八點論證（八因）：

一、**不記**：若然大乘教法是佛滅後，外道伺機損害正法而揑造的話，爲何佛不及早預言授記，著弟子警惕？事實上，十二部經中有授記體裁，用來記別某位修行人成佛時名號；可見釋尊時常在弟子面前作預言，如果大乘爲天魔僞造，釋尊斷無不預告弟子之理。

二、**同行**：大乘明顯與聲聞乘同步開展，並不是佛滅後才出現的事。例如《解脫經》是窟外結集出的大乘經，專門收錄四阿含中未經輯錄之零散佛語，窺基法師更說此經是「大小乘通許之經」。（註釋9）所以世親菩薩反對大乘後出的言論說：「聲聞乘與大乘非先非後（而是）一時同行，汝云何知此大乘獨非佛說？」

三、**不行**：大乘教法例如菩提心、空性等等，甚深廣大，絕非一般外道修行人和佛門學究、知解宗徒，所謂忖度者的境界，他們根本沒有能力去僞造大乘經典。誠如龍樹菩薩說：「佛不了義說，非下人易解。」「大德舍利弗，佛戒非其境；故佛德難思，云何不可忍？」（註釋10）

四、**成就**：有些人認爲大乘經不是釋尊所說，而是其他佛所說。世親菩薩斬釘截鐵的說：「若作此執則反成我義！」如此，反對者亦承認大乘經是佛所說。事實上，在現今地球的歷史上，除了釋尊是佛，再有甚麼佛呢？而且，不論是娑婆世界的釋尊或其他世界的佛，祂們的共通點就是都會宣說大乘例如般若法門。（註釋11）

五、**體**：有些人又認爲只有其他佛說大乘，釋迦佛卻不說大乘。世親菩薩立即額手稱慶說：「若汝言餘佛有大乘體而此佛（釋尊）無大乘體；若作此執亦成我義。」換言之，諸佛包括釋迦佛都說大乘和小乘。要是小乘人否認大乘經典是佛說，自己亦難以確立小乘經典是佛說。誠如寂天菩薩說：「大乘若不成，汝教云何成？」（註釋12）同時，小乘人用甚麼依據來成立並奉行小乘，大乘人亦同樣可用來成立大乘教法爲佛語！「何緣信彼典，大乘亦復然！」（註釋13）

六、**非體**：世親菩薩不放鬆，再分析說：如果你仍堅持釋迦佛只說聲聞乘，所以聲聞乘有體；而大乘非釋迦佛所說故無體；那便犯了過失。如果只有聲聞乘可以成立，但釋尊所證得的大乘佛果，便無法成立。換言之，便沒有人能修行成佛；沒有人成佛的話，釋尊亦不可能成佛；倘若無佛，又有誰能說聲聞乘教法呢？

七、**能治**：世親菩薩振聾發聵說：「由依此（大乘教）法修行得（無漏）無分別智，由（無漏）無分別智能破諸煩惱（註釋14）；由此因故不得言無大乘！」

八、**文異**：有人認爲佛在小乘經中明明說修行人在見道修道時實能斷除煩惱，斷盡煩惱後便證涅槃；但大乘卻說能斷的修行人、所斷的煩惱均無自性；又說諸法本自清淨的自性涅槃；似乎大乘與小乘水火不容。世親菩薩從容回答說：「大乘甚深非如文義，不應一向隨文取義；言非佛語！」佛在大乘經中所言的無修、無果和無自性，它的重要性不是文字表面的意義，執著這些文字來攻擊大乘，實是淺智者。所以龍樹菩薩亦說：「無知故沉沒，上乘廣深義；故誹謗大乘，成自他怨家。」（註釋15）事實上，大小乘同是佛語，兩者相輔相成；有智慧的人是不會爭論大小乘孰優。「於大乘無生，小乘說空滅，無生滅一體，自義莫違反！眞空及佛德，若如法簡擇，大小兩乘教，於智人何諍？」（註釋16）

質疑：世尊可能一時疏忽，沒有授記；不能證明大乘是佛所說。

解惑：對這樣關乎眾生福祉、大是大非的事情上，佛沒有可能不授記。

二　諸佛三因緣，現見亦護法，
如來智無礙，舍者不應爾。

佛眼能現量見諸法，時常守護教法；祂能超越時空，無礙地悟入過去、現在、未來；因此沒有可能忽視正法會受到損害的事情。

世親菩薩認爲在三種情況下，如果大乘非佛說的話，佛沒理由不預先提出警告。「一無功用智恆起，是（佛）眼恆見；二恆作正勤守護正法；三如來智力無有障礙」。諸佛起心動念，毋須用力，也能任運自然地以佛智佛眼現觀一切法；祂們竭力去護持正法；祂們能無礙地用神通預知未來。所以認爲佛對於祂所宣揚的正法未來會受邪說損害，不以爲然的話；這說法是不合理的。

質疑：我們依聲聞乘修行亦可得大菩提，所以聲聞乘即是大乘；毋須在聲聞乘外再建立大乘。

解惑：因爲聲聞乘不能提供圓滿修成佛果的方法，所以它不等於大乘；大乘有成立的必要。

三　非全非不違，非行非教授；
是故聲聞乘，非即是大乘。

聲聞乘實際上稱不上是大乘，因為前者教法未完備，尋求自了，故與大乘矛盾，修行不能證得大菩提，沒有大乘悲智的方便教授；所以聲聞乘不等於大乘。

可從以下四方面來分別出大乘異於聲聞乘：一、**非全**：聲聞乘教法內容不外因厭離而修行如何出離世俗的方法，沒有大乘自利利他那樣完備圓滿。二、**非不違**：聲聞乘爲個人的出離解脫，根本不能因此證得佛果大菩提。僅僅教人修行是不能令自利而變成自利利他的。只爲個人達到涅槃的理想而勤力修行；誠如世親菩薩說：「雖以自利安他；彼亦自求涅槃勤行方便，不可以此得大菩提。」三、**非行者**：求無上正覺的修行人，就算長期修持聲聞乘，就好像煮沙難以成飯一樣，永遠不能成就佛果。四、**非教授**：因爲聲聞乘教法內根本沒有空性和菩提心的大乘教法。世親菩薩舉了「構角求乳」之譬喻說，無論用甚麼方法，也不能從牛角擠出牛奶來；所以世親菩薩作出結論：「如大乘教授聲聞乘無，是故聲聞乘不得即是大乘！」

質疑：看來聲聞乘與大乘在多方面來說都是互相矛盾。

解惑：不只小乘中的聲聞乘，就連小乘中獨覺乘都與大乘在發心、教授、方便、住持和時節上均矛盾相違。

四　發心與教授，方便及住持，

時節下上乘，五事一切異。

小乘中獨覺乘只不過是以個人解脫為目標的自了，與大乘的發心、教授、方法、根底和火候都不同。

小乘通稱二乘，包括聲聞和獨覺；兩者都是依佛語而修證成阿羅漢和辟支佛，同樣受眾人尊敬。後者福慧比聲聞優勝，證悟亦較聲聞快，雖則成就高於聲聞，但仍低於佛陀（註釋17）。在《論釋》中，世親菩薩把獨覺稱爲聲聞；不知是出於世親菩薩抑或譯師明友的意思。獨覺乘只求個人自得涅槃，沒有大乘發心的廣大、最勝、至極和無顛倒（註釋18）；要化度一切眾生都證入涅槃。由於膚淺狹隘的發心，獨覺乘只求自了，所以它的教法理論和加行導引方法，都極其局限和不完整；結果導致積聚福慧資糧的修行根底（頌文作住持）下劣，雖則短至修行三世就可達致其無學道究竟位（註釋19），惟因修行功德火候未夠，所以成就低於佛果，基於獨覺乘與大乘有上述五種相違；所以世親菩薩作結論說：「是故不應以小乘行而得大乘果。」

質疑：根據經教，界定某些教法是否佛說有三個標準，所謂佛語有三相：第一出於契經，但《阿含經》沒有大乘的空性學說；第二出於律藏，但也沒有記錄大乘的諸法無自性；第三釋尊強調修行必能證果，功德不唐捐；但大乘說諸法無自性，包括修行無自性，修行人亦無自性。所以大乘不可能是佛說。

解惑：小乘將佛語編入《阿含經》，大乘亦將佛語編入《般若經》等大乘經典；大乘也將佛有關律儀編入如寶積部的《大方廣三戒經》；而大乘的空性學說正好道出諸法實相的廣大甚深特性；事實上，很多大乘修行人也依空性學說修行，例如彌勒菩薩將圓滿體證佛果。

五　入自大乘經，現自煩惱滅，
廣大甚深義，不違自法空。

大乘亦結集佛語入大乘經典，大乘戒律中亦記錄了佛如何斷除煩惱及煩惱根本無明的方法；大乘空性學說廣大甚深，跟諸法實相沒有牴觸相違。

根據《南傳長部・大般涅槃經・第四誦品》記載，佛將入滅前，曾在負彌城教導比丘，無論在何處聽何人領受佛法時，不要讚歎，不要排斥；應先理解其內容，然後對

照經、律是否相合一致。若確認非世尊教言，便拒絕接受；若確認是世尊教言，便要接受。（註釋20）

聲聞乘就是依據這段經文，說《阿含經》、戒律沒有大乘空性教法，從而確認大乘非佛說。世親菩薩在《論釋》中說：大乘沒有違反佛在《大般涅槃經》的遺訓；大乘經結集很多佛語，大乘戒律除了教人斷除煩惱障外，更重視斷除所知障；而大乘深廣法義，就是人空、法空的空性學說；依空性修行，就可得大菩提。（註釋21）而寂天菩薩（650-700）更進一步發揮彌勒菩薩偈頌精神說：「如果語言一旦被編入經藏，就承認它們是佛說；那麼大乘經典（例如方廣）一樣也被編入經藏，何以你們又不承認它們是佛說的呢？如果只是因爲宣說諸法空性不屬於聲聞乘之經典這一個原因，就認爲整套大乘經典也非佛說；同樣道理，我們也可以主張只有一項與小乘經典（例如諸行無常，有漏皆苦）相同，一切大乘教法都是佛說。」（註釋22）

註釋：

7. 例如一些小乘人會這樣說：「聲聞乘的三藏是佛所說的經典；但大乘經並非佛說。所謂大乘經是天魔在佛入滅後，伺機損害正法，於是加持忖度者（佛門學究、知解宗徒）或外道論師偽造大乘經。」
8. 見拙作《入菩薩行講義下卷》頁七十四。
9. 見《成唯識論述記・卷十》。
10. 《寶行王正論》〈正教王品〉頌八十五和八十八。
11. 《能斷金剛般若波羅蜜多經》說：「善現，如來所說最勝波羅蜜多，無量諸佛世尊所共宣說，故名最勝波羅蜜多。」
12. 《入菩薩行》〈智慧品〉頌四十一。
13. 《入菩薩行》〈智慧品〉頌四十二。
14. 修行人必須以無漏無分別智體證空性，而斷除煩惱的根本——無明唯一的方法就是體證空性。
15. 《寶行王正論》〈正教王品〉頌七十九。
16. 《寶行王正論》〈正教王品〉頌八十六至八十七。
17. 如《入中論・頌一》云：「聲聞中佛（辟支佛）能王生，諸佛復從菩薩生。」從成就功德分三乘高下，月稱菩薩認為大乘最高，獨覺次之，聲聞又次之。但對世俗眾人而言，三乘聖人都堪作福田，應依止而廣修供養。
18. 任何佛教修行，總要依於發心；大乘菩薩發心，誠如釋尊在《能斷金剛般若波羅蜜多經》親說：「善現，諸有發趣菩薩乘者，應常發起如是之心；所有諸有情，有情攝所攝，若卵生、若胎生、若濕生、若化生，若有色、若無色，若有想、若無想，若非有想非無想，乃至有情界施設所施設（廣大心），我當皆令於無餘依妙涅槃界而般涅槃（最勝心）。雖度如是無量有情令滅度已，而無有情得滅度者。何以故？善現，若諸菩薩摩訶薩有情想轉，不應說名菩薩摩訶薩（至極心）。所以者何？善現，若諸菩薩摩訶薩，不應說言有情想轉。如是命者想、士夫想、補特伽羅想、意生想、摩納婆想、作者想、受者想轉，當知亦爾。何以故？善現，無有少法名為發趣菩薩乘者（無顛倒心）。」

19. 《論釋》說：獨覺乘「乃至三生得解脫故」，而大乘修行要經「三大阿僧祇劫」。曾有人換算成今人的時間單位，一個阿僧祇劫相當於十的一百零四次方乘以四十三億二千萬年。由此觀之，佛果比起辟支佛果的功德成就遠超於想像。一般來說，聲聞解脫要三生六十劫，而辟支佛是四生一百劫。
20. 見元亨寺版《南傳大藏經長部經典二》頁七十五。
21. 世親菩薩在《論釋》云：「今此大乘亦不違三相，入自大乘修多羅故；現自煩惱毗尼故；由菩薩以分別為煩惱故；廣大甚深即菩薩法空，不違此空得大菩提故。」
22. 《入菩薩行》〈智慧品〉頌四十九至五十說：「若語入經藏，即許為佛說，三藏大乘教，云何汝不許？若因一不攝，一切皆有過；則當以一同，一切成佛說。」

應用思考問題

1. 〈成宗品〉是彌勒菩薩反駁小乘人提出「大乘非佛説」這謬誤，從當中十六首頌中，除了點出小乘人狹隘和偏頗的心靈外，還顯露出佛説大乘經那份出於大悲而關愛眾生，戀戀不捨之情。你能略依頌一説明這一品的大意，並以白話翻譯彌勒菩薩認為大乘是佛語的八點理由嗎？

2. 佛滅後第一次遺教結集，根據《大唐西域記‧卷第九》記載，有所謂窟外和窟內之結集，又有上座大眾結集之説，你能否略加闡釋，並解釋「同行」的意思嗎？

3. 小乘人認為大乘不是釋尊所説，而是十方世界其他諸佛所説。這正好説明大乘是佛説的理由；至於是否釋尊所説，地球上除了釋尊是佛外，還有其他的佛嗎？同時，在《金剛經》或《法華經》中亦多次説明，只有佛才能通曉和善説諸法真實義。你能舉例並以「成就」義來説明大乘是佛説嗎？

4. 彌勒菩薩以八因成立大乘是佛説，其中「體」和「非體」是就諸佛同時説大小乘和釋迦佛只説小乘，來證明成立大乘是佛説。試分別説明。

5. 世親菩薩和寂天菩薩都分別指明大、小乘同為佛語。若大乘不能成立，小乘亦勢難成立為佛語，依引《論釋》和《入菩薩行》説明。

6. 小乘人常犯隨文取義、斷章取義的毛病，單憑文字表面意義例如「無生」、「無自性」、「自性涅槃」來攻擊大乘，認為在《阿含經》都未曾出現過這些名詞字眼，所以佛不說空性學說。龍樹菩薩和世親菩薩先後指出，佛在小乘和大乘經典所說義理是相輔相成，大乘是繼承發揮佛在小乘經中未曾宣講的教義。試引龍樹菩薩《寶行王正論》和世親菩薩《論釋》說明。

7. 小乘人回應彌勒菩薩提出：「如果大乘非佛說，為何佛在世時不作預言授記？」認為是佛一時疏忽所致。彌勒菩薩提出三點說明佛一時疏忽未作授記之說法不能成立，試依頌二說明。

8. 小乘人認為有些阿羅漢若經持久修行，亦能成就佛果。所以單獨修聲聞乘就可滿足修行人成就大菩提願望；聲聞乘就是大乘，毋須另外立大乘。彌勒菩薩以四點說明聲聞不能取代大乘，試依頌三說明。

9. 小乘包括聲聞和獨覺兩乘。除了聲聞乘無法取代大乘的地位，成就比聲聞乘高一級的獨覺乘也比不上大乘；試依頌四說明彌勒菩薩就發心、教授、方法、根底和火候這五點來比較獨覺乘與大乘的高下。

10. 小乘人引《長部大般涅槃經》說明佛語有三相；指出阿含、律藏都沒有大乘空性學說，同時，佛很清楚說明斷甚麼煩惱便證甚麼果；但大乘卻強調三輪體空；所以大乘非佛說。世親菩薩則列舉了種種事實說明大乘沒有違反《大般涅槃經》所說佛語三相；而年代稍後的寂天菩薩也論證說：「何緣信彼（小乘）典，大乘亦復然！」試引《論釋》和《入菩薩行》〈智慧品〉頌四十二說明。

《大乘莊嚴經論》第3講

上堂提到大乘由龍樹菩薩開始，爲了調和意見，令僧團無諍；提出大乘是小乘的延續，兩者同爲佛語。但一些頑固執著的小乘人，仍以旺烈的傲慢氣焰說：「大乘非佛說，不能饒益眾生！」刻意地貶低大乘教法的價值。二百年後，彌勒菩薩透過《莊嚴經論・成宗品》提出八點論證，卒之調伏了頑固傲慢的小乘人。祂說：「爲甚麼說大乘是佛語？因爲佛未預言過大乘非佛說，會危害聖教；因爲大、小乘同是佛在世時出現；因爲大乘經的境界不是外道忖度者所能思議，所以他們沒有能力僞造大乘經；因爲只有佛才有功力說大乘經；因爲大乘經和小乘經同爲佛語，如果大乘經不是佛語，小乘經亦不是佛語；因爲如果大乘無體則無佛，無佛又安能說小乘教法？因爲大乘空性學說可對治無明；因爲大乘經在字裡行間能透出佛的密意。「不記亦同行，不行亦成就，體非體能治，文異八因成」。事實上，根據明代多羅那他《佛教史》的記載，自從〈成宗品〉出現後，從數字顯示，僧團中信奉大乘者顯著增加。接著，彌勒菩薩又分別比較大乘和二乘的教法，發現聲聞有四點遠遜大乘：聲聞乘教法未臻完備、尋求自了、不能證大菩提和沒有悲智教授。「非全非不違，非行非教授」。祂又發現獨覺乘異於大乘，獨覺乘只不過是以個人解脫爲目標自了，與大乘的發心、教授、方法、根底和火候都迥異。「發心與教授，方便及住持，時節下上乘；五事一切異」。

今堂彌勒菩薩繼續回應反對者的意見：一些天魔外道單憑知識論和邏輯就可以僞造出大乘經。彌勒菩薩列出五點原因反對這個說法；那些忖度人的知識都是依臆度而來；推理亦模稜兩可，莫衷一是作出結論；認知範圍只限於世俗諦；說話令人疲厭；遇上詰難往往理屈詞窮；他們連理解大乘義理也有困難，何況僞造大乘經？「有依及不定，緣俗亦不普，退屈忖度人，寧解大乘義？」除了回應第一頌陳述「大乘是佛語」八個中「不行」的論證外，彌勒菩薩繼而標舉出大乘的殊勝莊嚴特色。「廣大及甚深，成熟無分別，說此二方便，即是無上乘」。大乘透過廣大福德和甚深智慧資糧來成熟眾生，令自己成就無上菩提。而大乘當中以成熟般若無漏智來獲證空性，《莊嚴經論》作如性，亦即《金剛經》所指的法身更是德言彌珍。彌勒菩薩提到大乘修行人依止菩提心，並透過善聽、善受、言善通利、意善尋思和見善通達去聽讀佛的經教，從而生起聞慧；再將從聞慧得到的善思惟法，獨處空閑，導引內心安住奢摩他作意思惟，得到思慧。再返光自照，於此無間相續能思惟心數數安住，得身心輕安；再依著身心輕安，將思慧所得善思惟法的要義，起正思擇、最極思擇、周遍尋思、周遍伺察。如是勤修不捨，歷經煖、頂、忍、世第一法，修慧中有漏慧引發出無漏智，在無分別的根本定中現證空性。「隨次聞思修，得法及得慧；此智行此法，未得勿非毀」。最後，彌勒菩薩提醒本欲求善的小乘修行人，在未經接觸和了解大乘發菩提心和般若空觀前，不要望文生義，對大乘生起邪思，更不宜自以爲是，譭謗大乘。出於惡意的憎嫉心是自性罪，能招下墮地獄的大苦報。「隨聞而得覺，未聞愼勿毀；無量餘未聞，謗者成癡業。如文取義時，師心退眞慧，謗説及輕法，緣此大過生。惡意自性惡，不善不應起；況移於善處，應捨大過故」。

質疑：你所說忖度者、知解宗徒沒有能力僞造大乘經的說法牽強，因爲單憑世間知識和邏輯推理的能力亦可通達大乘的境界。

解惑：忖度人的世智辯聰，具有有依、不定、緣俗、不普和退屈這五種缺陷，決定不能通達大乘境界，更遑言僞造大乘經典。

六　有依及不定，緣俗亦不普，
退屈忖度人，寧解大乘義？

那些忖度人的世智辯聰是依臆度而來，推理亦只得模稜兩可、莫衷一是的結論；認知範圍只限於世俗；說話令人疲厭；遇上詰難往往理屈詞窮；他們連理解大乘義理也有困難，何況僞造大乘經？

彌勒菩薩指出忖度者不可能理解大乘經的境界，更沒有能力僞造大乘經。所謂忖度者是指聞思而不修的人；佛經中常以「世智辯聰」來形容這類人。哪些人是「忖度者」呢？例如一些修學外道典籍的人，因爲外道典籍中根本找不到解脫的方法；又例如一些終日在名相打滾，不肯修止觀而缺乏證智的佛門學究。當這兩類人與眞正依菩提心和依「無量經中百千偈說大乘法」去修持的人切蹉經教時，眞修大乘者「辯才無盡」，令「雖緣世諦但得少解，不解一切」的外道論師和佛門學究理屈詞窮。（註釋23）所以這些忖度人根本不可能理解大乘經的義理，遑論僞造大乘經。

質疑：如果說小乘經典沒有交待成就佛果的修行方法，那麼大乘經有些甚麼方法可以令修行人成就佛果？

解惑：大乘經就是以廣大福德和甚深智慧自利利他，成就佛果。

七　廣大及甚深，成熟無分別，
說此二方便，即是無上乘。

大乘教導修行人積聚廣大福德資糧，並透過逐步從聞思修積聚甚深的智慧資糧，最後得無漏無分別智證悟空性。大乘就是透過廣大福德和甚深智慧成熟眾生，成就無上菩提。

佛透過佛眼佛智加持護念已發菩提心的大乘修行人，令他們成熟廣大福德（註釋24），再加上他們透過聞思空性學說，勤修空觀，最後得無漏根本無分別智。世親菩薩在《釋論》中對「廣大」有另外的解釋：「廣大者，謂諸神通，由極勤方便令他信解故。」世親菩薩說的神通，是指佛眼佛智加持護念修行人，令他們福德資糧增長，得淨信心。另外，祂又解釋二方便說：「一為成熟眾生，二為成熟（大乘）佛法；即說此二為無上菩提方便。」意思是說：修行人依菩提心和大乘經教積聚福慧資糧，除了可令自他一切有情趣入無上菩提外，還可以證明佛是為了饒益一切有情而說大乘經。所以世親菩薩強調：「此二方便即是無上（大）乘之體。」

戊二 教誡應斷除對大乘法的邪見

質疑：當聽聞大乘教法時，便被大乘的學說嚇怕。

解惑：你不應在非怖畏處妄生怖畏，這會為你帶來災難。

八　不應怖而怖，由怖被燒然；
怖引非福故，長時過患起。

愚癡的凡夫對不應怖畏的大乘教法反生怖畏，自己除了內心憂惱外，亦因邪思而興誹謗並招致惡業，墮入惡趣長期受苦。

彌勒菩薩不放鬆，爲了令愚癡凡夫解開心結，故先指出他們恐懼大乘的四種成因：

非性非法朋，少慧少因力；
怖此深妙法，退失大菩提。

那些沒有大乘種性，結交惡友，未理解諸法真實義，前世未修行過波羅蜜行的，都會畏懼大乘教法；更會迷失成就無上菩提的人生方向，並且在世俗中流轉生死。

世親菩薩認爲愚夫因爲非種性、非法朋、少慧力和少因力這四種原因，所以對大乘妙法橫生怖想；由於這種怖想，應該積聚福慧資糧來成就無上菩提的，他卻不肯去做；這就叫退失。世親菩薩善心地勸誡這類對大乘妙法橫生怖想的愚夫說：「汝今應知，此退過患最極深重。」由於退失無上菩提，所以這類人永不能解脫，亦只好永遠在六道中輪迴。

彌勒菩薩指出凡夫怖畏大乘四種原因後，以八種理由勉勵他們不應對大乘空性教法橫生怖想。

九　無異即互無，有異即險處；
無譬種種說，續說多門說；
非有如文義，諸佛甚深體，
聰慧正觀人，應知不應怖。

小乘和大乘是一或是異呢？如果小乘即是大乘的話，則無大小乘而唯有一佛乘，故不應怖畏。如果小乘異於大乘，而大乘內容又深奧難解，故知其極稀有而要信仰大乘；不應怖畏。大小乘同一時代出現，為何獨怖畏大乘？大乘學說內容豐富，非僅說空，亦說積聚福慧，所以不應怖畏。大乘一向說空，你並非首次聽聞，為何怖畏？大乘在不同經典中運用種種法門來宣說空性教法，可見其重要性，你為何怖畏？空性的甚深意義不能單從字面上理解，你為何隨文取義而怖畏空性？諸佛的密意高深莫測，切勿因艱深而對大乘生起恐懼。聰慧者就能正確審察而不怖畏大乘。

聰慧正觀的修行人，倘若認真對上述八種理由如理觀察，不僅不怖畏大乘，反而會生起稀有和敬重的想法。再者，如能依菩提心聞思修大乘空性學說，最後便生起無漏智，正性離生登入初地。所以依大乘教法修行確實可證得菩提。

十　隨次聞思修，得法及得慧；
此智行此法，未得勿非毀。

透過聞慧而生起思慧，認真思擇諸法真實義，再透過修慧觀空，得無漏無分別智體證如性；由於要生起無漏無分別智才可證得如性，倘若你未有這種無漏智慧，你又怎能抉擇出大乘非佛說呢？

一般來說，依深淺程度可將智慧分成聞思修三種。聞慧是指對佛所說的經教善聽、善受、能知曉經中文句、能思考經中道理、能領悟經中佛的密意（註釋25）。思慧是將先前由聞慧所得的善思惟法，獨處於空閑幽靜的地方作意思惟。而修慧是指對內心相續能思惟心作意思惟，先觀境空，再觀識空，最後心境俱空，現量接觸如性（眞如），這時無漏智生起；證得眞如（註釋26）。大乘積累智慧上的修行就是如此認眞縝密，假如反對者未能證得眞如的無漏智的話，就不應說大乘非佛說。

彌勒菩薩再指出其他怖畏大乘空性的原因，並勸慰他們不必畏懼。

十一　「不解解不深，深非思度解，解深得解脫？」；諸怖不應爾。

「我不能夠瞭解大乘這麼深奧的教法，為甚麼佛陀在小乘經中所說的教法也沒有像大乘這樣深奧？為甚麼深奧的教法就算連忖度人的邏輯也解不通？難道只有那些懂大乘深奧教法的人才能解脫？」生起諸如此類的恐懼，實不合理！

「不解」者不應恐懼大乘深奧，不易理解；這是你尚未積累足夠福慧資糧而已。而所謂「解不深」，小乘經是佛爲了遷就福慧不夠的弟子，當你一旦有足夠的福慧資糧，佛就向你說大乘經。「深非思度解」，要知道凡夫的知見根本上是顛倒虛妄（註釋27），所以才稱爲世俗；而勝義諦的道理非凡夫思度活動範圍；所以不應因空性教法「非思度解」而怖畏大乘。最後彌勒菩薩安慰怖畏者說：「解深得解脫。」事實上，只有證悟空性的人才能解脫，而僅依世俗的知識，又未經歷久修行，積聚圓滿福慧資糧，是難以獲證如性（空性，諸法實相，眞如，法身的異名）的。所以只要你肯老實修行，積累廣大甚深福慧資糧，必能獲得無上菩提；何須恐懼？

彌勒菩薩再從另一角度，檢討那些不相信大乘者本身的不足之處；換個角度，就得出大乘優勝之處。

十二　由小信界伴，不解深大法；
由汝不解故，成我無上乘。

由於缺乏信心，缺乏善根，又常與心胸狹隘的朋伴為伍；這類人不相信大乘。在兩者相比下，大乘教法更顯得莊嚴和淵博。

由於小信、小界和小伴，缺乏福慧資糧的修行人不相信大乘。世親菩薩解「小界」時說：「小界者，阿賴耶識中熏習小種子故。」將缺乏善根、福慧資糧，具體地解作在這類修行人的阿賴耶識中甚少薰修大乘無漏種子。

十三　隨聞而得覺，未聞慎勿毀；
無量餘未聞，謗者成癡業。

修行人從學習中得到些少佛教理論，但對未接觸過例如大乘教法卻又橫加譭謗的話，這才是個蠢材。事實上，世間尚有很多你未曾學習過的經教，如果你不作觀察而生譭謗，則只會增加愚癡的惡業。

對於未接觸過大乘經教，而又出於自己的偏見便確定大乘沒有價值，仍未修學便拒諸門外；就如同世親菩薩說：「汝無簡別若生譭謗更增癡業，壞前聞故！」除了自招愚癡非福業外，還毀掉了你以前學小乘經教時所積聚例如謙虛謹慎、積極勤奮的福業。

彌勒菩薩不放鬆再指出，這種愚癡偏見會招引十不善業中的瞋心惱害，種下下墮惡趣之因。

十四　如文取義時，師心退真慧，
謗說及輕法，緣此大過生。

倘若斷章取義，而且又自以為是，則會退失正智。若因此譭謗正法，輕視大乘，因而造作瞋恚不善業道，最後會招感大苦報，太不值得了。故此應放棄這些邪思。

倘若望文生義，生起邪思；並偏執己見，便會退失正智。若因邪思而譭謗大乘，輕視正理；便會生起重大過患，令自身受大苦報。

世親菩薩慨嘆修行人本來欲求勝生安樂、定善解脫；可是卻因偏執「師心」——宗派門戶之見，所謂下劣邪思；生起惡意，謗說輕法，還自鳴得意；殊不知已因此造作瞋恚不善業道，下墮惡趣。

十五　惡意自性惡，不善不應起；
況移於善處，應捨大過故。

憎嫉心本身是自性罪；生起邪思本已不對，何況是輕毀大乘教法呢！所以要以平等心看待一切甚深真實的法義，捨棄邪思、輕毀和憎嫉這些引發罪報的過患。

對於自求善法的修行人，當聽聞最勝甚深眞實法義，或者遇上諸佛菩薩難思神力例如甚深菩薩藏、方便密咒道等法門縱不生信解，也切勿生起瞋恚輕毀之心；除了不加批評，彌勒菩薩還希望修行人這樣自我檢討說：「『我爲非善，盲無慧目，於如來眼隨所宣說，於諸如來密意語言而生誹謗。』菩薩如是自處無知，仰推如來於諸佛法無不現知等隨觀見。」（註釋28）

註釋：

23. 見世親菩薩《釋論》。

24. 《能斷金剛般若波羅蜜多經》云：「善現，如來以其佛智悉已見彼，如來以其佛眼悉已見彼。善現，如來悉已覺彼一切有情，當生無量無數福聚，當攝無量無數福聚。」無著菩薩在《金剛般若論》解釋這句時說：「『生』者，福正起時故，『取』者即彼滅時，攝持種子故。」由此可知，積聚福德資糧除了靠修行人自身的努力，佛以神通加持護念尤為重要。

25. 《解深密經・分別瑜伽品》所說：「菩薩於此善聽、善受、言善通利、意善尋思、見善通達。」是聞慧五種相狀。

26. 世親菩薩在《攝大乘論釋・卷六》解釋彌勒菩薩《分別瑜伽論》中「菩薩於定位，觀影唯是心，義想既滅除，審觀唯自想；如是住內心，知所取非有，次能取亦無，後觸無所得。」這句偈頌時說：「後觸無所得者，謂從此後觸證真如，由於真如無所得故名無所得。」

27. 如月稱菩薩在《入中論・現前地・頌二十八》說：「癡障性故名世俗，假法由彼現為諦，能仁說名世俗諦，所有假法唯世俗。」

28. 見《瑜伽師地論・菩薩地・戒品》。

應用思考問題

1. 有一些只喜歡研究佛教理論邏輯，但不肯修行例如持戒、禪定的人，我們稱之為忖度人、知解宗徒，他們往往以世智辯聰來理解佛法，殊不知佛教真諦必須經聞思修三個步驟，還要戒定增上配合，再經多年潛心修煉，才能庶幾近道。所以這類佛門學究只知佛法皮毛，安能了解大乘境界？故知他們絕無能力偽造大乘經。彌勒菩薩就列舉五種原因來說明這些「退屈忖度人，寧解大乘義！」試依頌六說明。
2. 大乘與小乘除了大悲心程度顯著有差別外，大乘極重視積集福慧資糧，所以菩薩在初地時福德資糧已比阿羅漢厚重，在第八地智慧資糧更與無學阿羅漢相等。當有人問到小乘不能成就佛果，大乘以甚麼成就佛果時，彌勒菩薩回答：就是以廣大福德、甚深智慧來成就佛果。試依頌七詳述之。
3. 頌八至頌十五是勸小乘人斷除對大乘的誤解，甚至有些更因偏執己見而對大乘行者瞋嫉，謗說輕法；造作惡業。試簡述彌勒菩薩分析他們邪思的成因、如何解開邪思的方法與及如何遮止他們因邪思而謗說輕法，造作惡意自性罪。
4. 彌勒菩薩分析凡愚難以接受大乘教法的四種成因，試依頌八說明。
5. 彌勒菩薩試圖解開小乘人抗拒接受大乘空性的心結，試依頌九及頌十說明。

6. 釋尊在《般若經》說空性教法，並在《解深密經・分別瑜伽品》詳細介紹如何由聞思修以般若波羅蜜多觀空，體證空性的方法；這是眾生福德成熟才有緣得此教法，如果小乘人不懂珍惜而輕毀，實在是十分可惜的事。試依頌十詳述之。

7. 當小乘人質問彌勒菩薩，大乘教法有甚麼過人之處時，彌勒菩薩便很自豪地說：「隨次聞思修，得法及得慧！」「法」和「慧」就是大乘過人之處。慧指般若無漏智，法是指依菩提心透過聞思修獲得般若無漏智的方法。前者詳見《般若經・第九會》，後者詳見《解深密經・分別瑜伽品》。試各以白話簡單介紹之。

8. 彌勒菩薩以「不解解不深，深非思度解，解深得解脫」來分析並開解那些只具淺薄世智，福慧根底未夠的修行人，他們只能認知世俗層面，故鼓勵他們進一步接觸空性教法，修空觀證入如性，才可認識勝義層面。試依頌十一說明。

9. 彌勒菩薩從另一角度分析，由於小乘人本身有三種不足之處，所以相比下，大乘人在修習佛法時更顯得淵博莊嚴。試依頌十二說明。

10. 彌勒菩薩反復教誨本欲求善的小乘修行人，在未經接觸和了解般若空觀前，不要斷章取義，對大乘生起邪思，更不宜自以為是去譭謗大乘；出於惡意的憎嫉心是十不善業道之一，能引墮入地獄得大苦報。試依頌十三至頌十五詳細說明。

11. 依《瑜伽師地論・菩薩地・戒品》的說法，作為修行人面對最勝甚深法義，或遇上諸佛菩薩難思神力，例如大乘菩薩藏、密咒方便道時，雖無信解，然不誹謗，方是智者風範。試依〈戒品〉詳述之。

12. 若重整〈成宗品〉文章結構來方便初基修行人理解的話，第一頌是全品的領綱；頌二、頌五、頌六是深化頌一所說八因中不記和不行的意思；頌三、頌四、頌十一和頌十二是說明小乘人在根器和修持上的不濟；頌七、頌十是標出大乘的殊勝；頌八、頌九、頌十三至十五是勸自求為善的小乘人勿堅執邪思，謗說輕法，加深教內矛盾，因憎嫉心而造作十不善業道。你能依這次序排列出頌文並以白話解釋；青燈黃卷，在書桌上重現彌勒菩薩的思緒聖容嗎？

《大乘莊嚴經論》第4講

上堂講解〈成宗品〉。既然《大乘莊嚴經論》是述說菩薩修學大乘的殊勝和種種經歷階段，所以在開首彌勒菩薩便先確立大乘的地位，穩住修行人對大乘經典的信心，所謂確立「大乘是佛語」；除此之外，透過與二乘的比較，更突顯出大乘的菩提心和空性教法，所謂「法」和「慧」的稀有殊勝。當在大乘修學過程中以福慧自利利他的事業一旦見到成效，修行人就好像觀賞自己親手用純金打造成的飾物器皿一樣；法喜充滿，甜在心頭。「譬如金成器，歡喜亦如是」。

今堂開始講解本論五義中的第二義，換言之，是菩薩修行第二個處境。明友把第二義譯作「受教」，依梵文直譯是分別所知，包括了〈皈依品〉、〈種性品〉、〈發心品〉和〈二利品〉；意思是當修行人抉擇出大乘確比二乘殊勝後，便會對大乘充滿信心，從而皈依大乘，依菩提心和大乘教法修行。彌勒菩薩指出：皈依大乘的好處略說有四種，廣說有十九種；並且指出要下決心趣向大乘確有點難，經三大阿僧祇劫完成這漫長的大乘成佛之路亦是難事。但身爲大乘佛子，當自利利他的事業初見成效時，一切便變得別具意義了。所以智者當皈依大乘。「難起亦難成，應須大志意；爲成自他利，當作勝歸依」。彌勒菩薩接著略爲介紹皈依大乘有四種殊勝：普及一切、誓言勇猛、證果圓滿和二乘所不能及。接著，祂先詳解前二者。所謂普及一切是指大乘修行人救度一切眾生，通曉佛陀一切教法，圓滿證得人無我、法無我，而無住涅槃更是大乘的特點，不住生死和涅槃，所以利生妙業無盡。「眾生遍乘遍，智遍寂滅遍；是名智慧者，四種一切遍」。接著，祂詳細介紹誓言勇猛殊勝：大乘修行人有承擔弘法利生的使命感；祂以歡喜心發願要成就無上菩提，縱使遇上重重困難也永不言倦；就是因爲這緣故，這位善根者除生生世世種性高貴外，當成佛時，更與諸佛功德平等。「希望佛菩提，不退難行行，諸佛平等覺；勇猛勝有三」。爲了讓修行人容易掌握大乘這三種誓言勇猛殊勝，彌勒菩薩舉世間轉輪王子爲例；在出生、成長和登上王位三方面，以譬喻說明皈依大乘、依菩提心和大乘教法修行的菩薩，再經五道十地修行至成就佛果，祂們種種經歷都超越平凡，除了勝生安樂；復能定善解脫。此外，今堂我們還要留意頌文中三個精彩之處：例如頌三中「寂滅遍」所指的「無住涅槃」；頌五中提到皈依大乘初發菩提心即成爲佛家族成員的問題，和頌六「色勝，色成就」所帶出菩薩修行「相好光明以自嚴」、「相好光明照，頋彼（二乘）難思量」的菩薩形象。

〈成宗品〉是《莊嚴經論》所述五個中首個修菩薩行的處境，稱爲信向；梵文意爲所安立，即確立大乘是佛語。由第三〈皈依品〉至第六〈二利品〉，是第二個修菩薩行的處境，稱爲受教，梵文意爲分別所知；意即說明大乘修行的種種特色。當我們讀過〈成宗品〉，抉擇出大乘確比二乘殊勝後，便會對大乘充滿信心，一往無前地繼續探討和深化具有大乘特色的修行。

丙二 分別所知

第三　皈依品

丁一 皈依

戊一 皈依的殊勝差別

己一 略說皈依四種殊勝差別

一　若人歸三寶，大乘歸第一；
一切遍勇猛，得果不及故。

有四種原因說明一切皈依大乘為最殊勝：一、全面普及一切；二、誓言勇猛；三、證果圓滿；四、二乘不能及。

彌勒菩薩首先標舉四種原因，說明在眾多皈依中，以皈依大乘最殊勝。另一方面，祂提醒欲想皈依大乘的佛弟子；要知道大乘佛子確實要肩負起很多艱巨的使命，只有具備無比勇氣的修行人，才能下定決心皈依大乘。

二　難起亦難成，應須大志意；
為成自他利，當作勝皈依。

最初下定決心趣向大乘確有點難，要經千萬劫完成這漫長大乘成佛之路亦是難事。但自利利他的事業一旦見到成效時，一切便變得別具意義了。所以皈依大乘具足殊勝的價值。

世親菩薩說：「難起者，所謂勝願，由弘誓故；難成者，所謂勝行，由經無量劫故。」例如大乘修行人在依止菩提心下修持自他相換，就要如此發願：眾生因作惡而感召的苦報由自身去承擔，而自己一切因善行而感召的樂果則在眾生身上成熟。對器量狹隘的凡夫和二乘人來說，這樣做當然會難以接受（註釋29）。此外，初發心的修行人原則上要經歷三大阿僧祇劫才能成佛；然而，很多大乘修行人，卻因依菩提心而發願要等待輪迴界最後一人成佛，自己才取證菩提（註釋30）；這當然是懦弱凡夫和二乘人所不能勝任的使命。

往下彌勒菩薩接續詳細解釋爲何皈依大乘比其他例如皈依外道、二乘殊勝的四種原因。

己二 廣說其義

庚一 一切遍殊勝

三　眾生遍乘遍，智遍寂滅遍；
是名智慧者，四種一切遍。

有智慧的人當然會皈依大乘；因為大乘修行人救度一切眾生，通曉佛陀一切（大乘和二乘）教法，以遍智圓滿證得二無我，大乘無住涅槃不住輪迴或涅槃，利生妙業無盡。

皈依大乘有四種「一切遍」殊勝，所以較皈依諸外道或二乘爲好。「一切遍」有普遍含攝、圓滿和全面的意思。「眾生一切遍」意指大乘以令三界一切眾生入無餘依涅槃爲目標。「乘一切遍」，指的是大乘菩薩除善解大乘教義外，還兼通達聲聞和獨覺教法。根據世親菩薩說：「『智一切遍』者，通達二無我故。」意思是二乘人只能通達人無我，唯大乘人通達人無我、法無我。世親菩薩又說：「『寂滅一切遍』者，生死涅槃體是一味，過惡功德不分別故。」根據唯識宗的說法，眞如爲體，生死和涅槃爲用。生死是眞如所顯現的有漏用，涅槃是眞如所顯現的無漏用。「體」如大海，「用」如大海所顯現之波浪。所以世親菩薩說生死和涅槃在本質上都是以眞如爲體；不同的只是前者是虛妄染污，後者有清淨妙用之功德。大乘菩薩了知涅槃之體爲眞如，亦證悟到生死和涅槃同爲一味；所以在大悲心和般若智驅使下不住於輪涅任何一邊；在因緣成熟時，以救拔眾生苦而住世。

庚二 誓言勇猛殊勝

辛一 正說

四　希望佛菩提，不退難行行，
諸佛平等覺，勇猛勝有三。

這位善根者具有承擔利生的使命感。祂以歡喜心發願要成就無上菩提，縱使遇上重重困難也永不言倦；就是因為這緣故，這位善根者除生生世世種性高貴外，當成佛時，與諸佛功德一切平等。

彌勒菩薩認爲依大乘皈依的修行人，較二乘人在皈依時所發誓言有三種殊勝勇猛。世親菩薩這樣解釋：「一、願勝勇猛：皈依佛時求大菩提多生歡喜知勝功德故。」所謂勝功德是指只有佛身才擁有的十力功德（註釋31），菩薩見佛獨有殊勝十力功德，因而發願隨佛修行，希望他日也得到十力功德。誠如《華嚴經・第十四・須彌頂上偈讚品》說：「此菩薩見佛世尊形貌端嚴，色相圓滿，人所樂見，難可值遇，有大威力；或見神足、或聞記別、或聽教誡、或見眾生受諸劇苦、或聞如來廣大佛法；發菩提心，求一切智。此菩薩緣十種難得法（指十力）而發於心（隨佛修持）。」第二是行勝勇猛：「起修行時不退不屈，難行行故。」由初發心至成就佛果，經三大阿僧祇劫，積聚無量福慧資糧，斷盡無量煩惱，無煩厭地完成艱巨的無上菩提目的，這就是「行勝勇猛」。第三是果勝勇猛：「至成佛時，與一切諸佛平等覺故。」至成佛時，與諸佛斷證功德無異無別。最後，世親菩薩強調：由於皈依大乘具有這三種殊勝勇猛功德；這位修行人「由此勇猛，彼諸佛子恆得善生」。修行人如皈依信受，依教奉行大乘；除了得定善解脫外，每期生命都能種性高貴，勝生安樂（註釋32）。

彌勒菩薩進一步舉譬喻來說明由於皈依大乘時修行動機正確，發心誓言殊勝；所以菩薩得到善生的因和種性不斷的殊勝。

辛二 喻說

壬一 轉輪王子喻

五　發心與智度，聚滿亦大悲；
種子及生母，胎藏乳母勝。

這位善根者由大乘勇猛誓言，所以得到四種善生。得菩提心有如佛種，得般若波羅蜜有如生母，得福慧圓滿有如胎藏，得大悲心有如乳娘。

由於大乘菩薩皈依時立下明確的利他勇猛誓言，要化度三界內無量有情，並且令他們盡入無餘依涅槃；縱遇上重重困難也永不言棄。所以祂每次投生都有四種善生相隨：菩提心、般若智、福慧資糧和大悲心。而菩薩恆得善生，其尊貴命運就好像投生爲轉輪聖王家，生而爲承繼大統的王子般，受用資具不匱，在褓姆悉心照料下成長。這些善生菩薩每次投生，不單身份顯赫，而且相貌品性亦超乎常人般殊勝。

六　妙相成生力，大樂大方便；
如此四成就，是名為勝身。

他擁有莊嚴妙相和感染眾生的力量，還有和佛一樣享有大樂和令眾生解脫的方法。

菩薩每次投生都有四種殊勝福業相隨，所謂色、力、樂、智。第一色勝：菩薩具有見者悅意的莊嚴妙相。據說由於菩薩持戒清淨，福慧圓滿；所以祂的莊嚴妙相比世間王室貴族更令見者悅意。龍樹菩薩曾以世間的轉輪王與佛陀相比較：「雖諸轉輪王，同有此相好；淨明與可愛，終不逮如來。」（註釋33）二者雖同具三十二相，但轉輪王終比不上佛的勝相莊嚴。大乘菩薩修行比二乘人較殊勝，可在「相好光明以自嚴」上得見端倪。正如前文所述，大乘修行長期積集福慧資糧自利利他，所以初基大乘人每次投生所感召之善趣七德（註釋34）必較二乘人殊勝，而在十地修行的菩薩的相好，更令二乘人難以思議呢（註釋35）！第二力勝：內心有一種強大感染別人的魅力，能令眾生自然而然因之而信仰佛法。第三樂勝：世親菩薩說：「得寂滅上品佛地無邊樂故。」菩薩由於夙習止觀，所以每次投生，都不雜染世間欲樂，而是享受禪悅之樂。第四智勝：有智慧懂得怎樣救拔眾生離苦得樂。這些皈依大乘、依菩提心和大乘教法修行的善生菩薩，每期生命體都伴隨有這四種身勝，並以之修持到成就，到第十地時由四種身勝取得四種成就。「此四成就是名佛子善生，所謂色成就、力成就、樂成就和智成就。復次由此勇猛得與王子相似」。（註釋36）

前面由頌五開始，述說一位依大乘教法皈依的菩薩，祂的菩提心、般若、福慧和大悲心，就好像轉輪王的初生兒，這嬰孩天生是王室血統，經尊貴生母十月懷胎安然生產，出生後有乳娘善育。而菩薩皈依後，經三大阿僧祇劫積聚無量福慧資糧，自利利他；每期生命都因而得到勝進；後一期生命比前一期生命在色、力、樂和智四種身勝下節節增勝，最後到第十地得色、力、樂和智四種成就；並得諸佛灌頂，履行「大智職」。就如轉輪王的小王子成長般，受用資具超越平民，經過多年修文習武，心領神會地懂得令萬民如影鳥依王樹般得以生生不息，繁榮昌盛的仁王術（註釋37）；通過轉輪王考驗後，確立爲王儲。

彌勒菩薩接著以新王登位爲例，介紹菩薩由發心修行，最後成就佛果；墮在佛數，紹隆佛種的情形。

七　先授法自在，巧說善治攝；
由此四因故，佛種則不斷。

菩薩在十地時得諸佛白毫光芒灌頂，授權履行大智職；祂擁有遍知一切法的能力；並能善巧地向佛壇城眷屬宣說神通和妙法；能擅以戒律來獎善治惡。法王子因擁有這四種因緣，所以令佛種不斷。

如同王儲登位時得轉輪王以四大海水灌頂，受王職位；通曉十善教法；以仁政教化臣民；有權頒下法令，獎善罰惡。菩薩登十地時，坐於寶王蓮華，在無數初地至九地菩薩見證下，十方諸佛如雲海聚集，皆以眉間白毫放大光明，爲十地菩薩作「一切智勝職位三昧與遍知之智無分別灌頂」。由於得到諸佛灌頂，法王子智波羅蜜增勝，任運自在地遍知現象界的盡所有性和眞如界的如所有性。這時法王子更能向佛一切眷屬和眾生善說妙法，就如法雨任意遍灑大地，滋養眾生心田，長出善根（註釋38）。最後，法王子能提供能治過惡，能攝功德的戒律，制定殊勝的菩薩學處。

壬二 大臣喻

彌勒菩薩先舉出作爲世俗轉輪王的王子，因出生在帝王家，而在出生、成長和登位這三個人生階段都表現出類拔萃；來譬喻大乘修行人因皈依大乘，在佛家族出生（註釋39）；所以祂從資糧位開始發心修行，經三大阿僧祇劫積聚無量福慧資糧；每次投生，每期生命都能勝生安樂，得善趣七德；見道後在修習十地時，十種波羅蜜都輾轉增勝；到十地時更獲十方諸佛白毫灌頂，授權行大智職，紹隆佛種。誠如龍樹菩薩所說：「由信受大乘，及行大乘教；故成無上道，中間種種樂。」（註釋40）彌勒菩薩再以大臣喻來說明，佛如明君、菩薩如重臣；君臣相知如魚得水；菩薩亦因盡知佛密意，故恆得佛眼佛智護念加持，生起攝植無量福聚。

八　入度見覺分，持密利眾生；
由此四因故，得似於大臣。

菩薩承侍佛就如大臣侍奉國王般，能善入諸波羅蜜多；恆常在大乘經中得見佛的妙法，能恰當地看護守持佛身語意三密，並無間地恆常利樂眾生。

如同國王信任大臣授命大臣辦理經國政務一樣，菩薩接受佛眼佛智加持護念時，亦具有類似大臣四種功德。如大臣能出入王禁宮；菩薩能善入諸波羅蜜。大臣管理國庫，清楚知悉寶庫中珍藏財物帳目；菩薩亦能在大乘中聞思修佛陀種種能令人勝生安樂、定善解脫的珍貴教法，念記不忘。大臣和國王常相談普通臣民盡不能知的軍政機密；菩薩在修行期間，能總持一切天人皆不解不知的佛身語意三密。大臣輔助國王推行仁政，得到國王賞賜，福祿永昌；而菩薩亦能常利益無量眾生，履行發菩提心的意樂。

註釋

29. 如《寶行王正論・出家正行品・頌九十七》云：「願彼所作惡，於我果報熟；是我所行善，於彼果報熟。」

30. 如《寶行王正論・出家正行品・頌九十八》云：「一人未解脫，於有隨生道，願我為彼住，不先取菩提。」

31. 如月稱菩薩在《入中論自釋》說：「佛地是由十力所顯！」十力是佛身功德的來源。甚麼是十力？如《入中論・究竟佛地・頌二十八至三十》云：「處非處智力，如是業報智，知種種勝解，種種界智力；知根勝劣智，及知遍趣行，靜慮解脫定、等至等智力，宿住隨念智，如是死生智，諸漏盡智力；是謂十種力。」詳細解釋請參閱拙作《入中論講義》頁六六四至六七七。

32. 如《寶行王正論・正教王品・頌九十八》說：「由信受大乘，及行大乘教；故成無上道，中間種種樂。」

33. 見《寶行王正論・雜品・頌九十七》。

34. 善趣七德指大乘修行人在修勝生安樂時，所獲的「勝形貌、威德，好色、他愛見，無病、力辦具、長壽願彼然！」見《寶行王正論・出家正行品・頌七十三》。

35. 如《寶行王正論・出家正行品・頌八十八》所云：「圓滿福慧行，相好光明照，願彼（二乘人）難思量，行十地無礙！」

36. 見《論釋》。

37. 如《寶行王正論・正教王品・頌四十》云：「將接為饒花，賞施為大果；王樹忍辱影，民鳥遍依事。」這是龍樹聖人期望引正王能達到的仁王的政治理想。

38. 如《入中論・法雲地》云：「十地從於十方佛，得妙灌頂智增上；佛子任運澍法雨，生長眾善如大雲。」

39. 菩薩何時正式成為佛家族成員，投生在佛的行列，有二種說法。一說在修行人初發菩提心時，已算是佛家族成員；例如寂天菩薩《入菩薩行・持守菩提心品・頌二十五、二十六》說：「今生吾獲福，善得此人身，復生佛家族；今成如來子，爾後我當為，宜乎佛族業，慎莫染污此，無垢尊貴種。」另一說大乘修行人要登地後，正性離生；決定自己是大乘材料，始列入佛家族成員。如龍樹菩薩《寶行王正論・出家正行品・頌四十六》云：「初地名歡喜，於中喜希有；由三結滅盡，及生在佛家。」

40. 見前註32。

應用思考問題

1. 〈成宗品〉是首個菩薩行的處境；而〈皈依品〉至〈二利品〉是第二個菩薩行的處境。《大乘莊嚴經論》一共有多少個菩薩行的處境？〈成宗品〉為何稱為所安立？〈皈依品〉至〈二利品〉為何稱為分別所知？試分別說明之。

2. 彌勒菩薩一方面承認皈依大乘，依大乘教法修行是「難起」、「難成」，一方面又勸人皈依大乘；表面看似矛盾。試依頌一和頌二解釋其原因。

3. 皈依大乘有四種殊勝：一切遍殊勝、勇猛殊勝、得果殊勝、（二乘）不及殊勝；試依頌一略言之。

4. 皈依大乘有四種殊勝，所謂一切遍殊勝、勇猛殊勝、得果殊勝和（二乘）不及殊勝。而這四種殊勝各有不同因果種類。一切遍有眾生一切遍、乘一切遍、智一切遍和寂滅一切遍四種。勇猛殊勝有願勝勇猛、行勝勇猛和果勝勇猛三種。得果殊勝有八種功德：得大福聚、三有尊重、三有中安樂、滅一切苦厄、在第八地證無生法忍得無上樂、證無上菩提時得法身、斷盡煩惱習氣、證入無住涅槃。而（二乘）不及殊勝亦有大體、大義、無邊、無盡四種功德。如此細緻分析，皈依大乘共有十九種殊勝功德。試以白話翻譯有關頌文三、四、九和十；俾使修行人先了解為何皈依大乘比皈依外道、二乘殊勝的大概。

5. 彌勒菩薩以四點來說明皈依大乘有一切遍殊勝，所謂眾生一切遍、乘一切遍、智一切遍和寂滅一切遍；試依世親菩薩在頌三的論釋説明。

6. 彌勒菩薩又説明皈依大乘有三種勇猛殊勝；分別是願勝勇猛、行勝勇猛和果勝勇猛。試依世親菩薩在頌四的論釋分別説明。

7. 為了讓佛子容易掌握皈依大乘的三種誓言勇猛殊勝，彌勒菩薩舉世間王子在出生、學習成長和登王位的三個人生階段為例，以譬喻手法説明皈依大乘、依菩提心和大乘教法修行的菩薩，再經五道十地修行到成佛；祂們的種種經歷都超越平凡，除能勝生安樂，復能定善解脱。試依頌五至頌七內容説明。

8. 皈依大乘的菩薩由於誓言勇猛，因為成佛之路很漫長，在漫長成佛路中每次投生，由於福慧增勝，祂的莊嚴妙相例如三十二相、八十種好亦漸次圓滿；這就是所謂「相好光明以自嚴」的意思。此外，由於菩薩能持戒，祂的相好比王室貴族更令見者悦意。試依頌六説明佛的「勝相莊嚴」是大乘修行殊勝的原因。

9. 彌勒菩薩在頌五列出成佛四因：菩提心、般若波羅蜜、福德智慧資糧和大悲。而月稱菩薩在《入中論・敬禮大悲・頌一》則以大悲心、無二慧和菩提心共説為成佛三因。二者大同小異，你能引原文比較説明嗎？

10. 頌三中提到寂滅一切遍就是指「無住涅槃」；世親菩薩

於《論釋》中云：「生死涅槃是一味，過惡功德不分別故。」又在《攝大乘論釋・卷九》云：「無住涅槃，以捨雜染不捨生死，二所依止轉依為相。」又云：「何者生死，謂依他起性雜染分；何者涅槃，謂依他起性清淨分；何者轉依，謂即此性對治起時，轉捨雜染分，轉得清淨分。」試綜合世親菩薩所言，寫作題為「大乘菩薩的無住涅槃略解」的文章。

11. 彌勒菩薩舉君臣為喻，說明皈依大乘者獲佛智佛眼護念加持故有四種殊勝功德。試依頌八說明。

12. 對大乘修行人何時方列入「佛家族」有二種說法；一說是當修行人皈依大乘發菩提心時，已經成為佛家族的成員。另一說法是修行人要見道，斷除三結，登極喜初地時，才算是佛家族成員。前者以寂天菩薩為代表，後者以龍樹菩薩為代表；而本論彌勒菩薩傾向前者。試依本論頌五及有關論典說明。

《大乘莊嚴經論》第5講

上堂提到皈依大乘略說有四種殊勝，廣說則有十九種。第一種是「一切遍殊勝」，大乘以救度一切眾生得究竟解脫爲目標；通達佛陀全部教法，能證人無我、法無我，並因不住生死或涅槃，利生妙業無盡。「眾生遍乘遍，智遍寂滅遍；是名智慧者，四種一切遍」。第二種是「誓言勇猛殊勝」，由於大乘菩薩皈依時立下明確的利他勇猛誓言，發願要化度三界內無量有情，並且令他們盡入無餘依涅槃；期間縱遇上重重困難也永不言棄。由於菩薩的「願、行、果」均殊勝勇猛，所以祂每次投生除了身份顯赫，受用不匱外；還有四種勝身相隨：具足莊嚴妙相、感染眾生的力量、如佛境的大樂和令眾生解脫的方法。「妙相成生力，大樂大方便；如此四成就，是名爲勝身」。最後，菩薩達十地時得諸佛白毫光芒灌頂，受命爲法王子，除了擁有遍知一切法的能力，能善巧地向佛壇城眷屬宣說神通和妙法外；更能擅以戒律來獎善治惡。「先授法自在，巧說善治攝；由此四因故，佛種則不斷」。

今堂繼續介紹皈依大乘，依菩提心、大乘經教和眞實法身修行的第三個殊勝。彌勒菩薩在「得果殊勝」中讚歎得三淨地的高階位菩薩，說祂們有大福德；廣受三界眾生尊重；爲了度生而在三界化現肉身時受用不匱；除自己能滅除大苦聚外，還有能力減輕眾生的痛苦；安住於無漏界的最上證樂。成就佛果時證得法身；斷盡二障習氣和入無住涅槃。「福德及尊重，有樂亦苦滅，證樂證法陰，習盡有滅捨」。接著彌勒菩薩提到皈依大乘產生四種善根，故能比皈依二乘顯得殊勝：世間的善根福德較二乘廣大，出世間的善根較二乘更有價值，並能穩定地度化眾生，入無住涅槃，成熟神通妙用無盡。「大體及大義，無邊亦無量，由善世出世，成熟神通故」。彌勒菩薩更苦口婆心地勸導修行人，依止大乘皈依有自利利他的巨大意義，除了自己功德無限量增長外，因大乘普世利他的信念，亦可以改變社會，令人心向善。「皈依有大義，功德聚增長，意悲遍世間，廣流大聖法」。最後，彌勒菩薩從體、用、因、果、功德和品類六方面總括大乘皈依的內涵：大乘以希望證得無上菩提爲體；以大悲爲因；以無漏般若智爲果；以無有疲厭的精神行持利他爲用；以三乘共通的出離心——三出——爲相應功德；以發世俗菩提心得「世俗得」，發勝義菩提心得「法性得」二得爲品類。「希望及大悲，種智亦不退；三出及二得，差別有六種」。

彌勒菩薩已依諸法實相和個人意向指出，皈依大乘確比皈依二乘爲殊勝；所有佛教徒理應只皈依大乘。但事實上，現今仍有不少佛教徒皈依小乘，依小乘教法修行。爲甚麼呢？當中牽涉到每個修行人的種性，所以彌勒菩薩接著宣說〈種性品〉，承認種性的存在，並力證大乘種性如何殊勝。

無著菩薩在《瑜伽師地論》中提及「種性」，種性一方面很重要，另一方面帶出的問題卻顯得複雜，甚至令我們這些盲無慧目的後輩十分費解。例如第三十五卷的〈菩薩地〉將種性問題放在菩薩修行十個問題中首要「持」的位置，並說：「云何名持，謂諸菩薩自乘種性、初發心，及以一切菩提分法，是名爲持。」這明顯就是將大乘的基道果都與「種性」扯上關係。接著，無著菩薩向修行人亮起警號：屬於「無種性」，縱使你發菩提心，縱使你很努力修行，亦無法圓滿無上菩提。「住無種性補特伽羅，無種性故，雖有發心及行加行爲所依止，定不堪任圓滿無上正等菩提」。不過愚見以爲無著菩薩這番話，就好像母親責罵兒子「沒出息」一樣，天下間豈有父母認定自己孩兒一定沒前途，注定失敗！這句話只是用來激發修行人上進，嚴格檢討自己有沒有爲世俗目的來發心，有沒有虛假地修行而已。從另一方面看，《瑜伽師地論．本地分》敘述一個修行人從凡愚欲界的〈五識身相應地〉開始歷經色界、無色界到〈聲聞地〉，生命質素節節勝進。爲了擺脫對下下乘的執著，無著菩薩才依種子學說，並以邏輯推論出說有情可分成「無種性、不定種性、聲聞種性、獨覺種性和菩薩種性」五類。鞭策修行人透過積累福慧資糧，改變價值觀，熏修無漏智種子，最後盡是菩薩種性，結果盡入佛家族。從無著菩薩以方便善巧導引其弟世親菩薩捨小乘入大乘；便可看到無著菩薩在種性問題上的價值取向。無論如何，我相信無著菩薩用意是提醒修行人愼始，一開始修行動機偏差的話，以後修行就會出現很多障礙。

《大乘莊嚴經論．種性品》並沒有出現類似《瑜伽師地論．種性品》出現過的這些問題。這可印證我在第一講所說，《莊嚴經論》是無著菩薩在兜率天從彌勒菩薩處學到並寫出的原始性資料，而《瑜伽師地論》是無著菩薩在消化彌勒學說後，於那爛陀寺爲眾講學而撰寫了架構宏大、思路縝密的鉅著。由於本論旨在闡述大乘的殊勝，鼓勵修行人都應以成佛爲目標，所以不需處理由種性引發例如是否有些眾生不能成佛等其他的問題。本論〈種性品〉承認種性是存在，但我們要留意彌勒菩薩提到「有」、「存在」的字眼，都是指「虛妄分別有」的心、心所活動層面，在虛妄分別背後的眞如體，仍應不存在種性實有、實無的名言概念；而且強調修行期間三乘種性中大乘種性是最殊勝的。「由界及由信，由行及由果，由此四差別，應知有性體」。「明淨及普攝，大義亦無盡，由善有四勝，種性得第一」。

上文已分別說明皈依大乘的四種殊勝中一切遍殊勝和誓言勇猛殊勝，以下述說其餘兩種殊勝。

庚三 得果殊勝

九　福德及尊重，有樂亦苦滅，
證樂證法陰，習盡有滅捨。

菩薩在八、九、十地三淨地時有大福德；廣受三界眾生尊重；為成辦自他兩利，在三界化現時，受用世間無量安樂；由於菩薩見道時斷除遍計薩迦耶見，悟入自他平等，到了第八地，自己滅除大苦聚，還有減輕眾生痛苦的能力；在第八地證無生法忍，不再投生有漏界，安住於無漏界的最上證樂；獲佛地時有三種得果殊勝：證得法身；斷盡煩惱障、所知障習氣；得入無住涅槃。

大乘皈依者修持自利利他事業漸近圓滿或圓滿時，有八種功德。這八種功德可分成二類。第一類包括福德、尊重、有樂、苦滅和證樂；是菩薩得三淨地果時的功德。一、**福德**：當菩薩信解諸法無生；祂本可入涅槃，但卻受往昔發菩提心時許下的大願驅使，於三界中示現受生，饒益有情；這時祂由體證諸法無生，進行無相無分別修行，所以所積聚的福德無量無邊（註釋41）。二、**尊重**：當菩薩進入第八地，因爲祂離貪的淨智不能與煩惱習氣共存，所以在自相續中已再無三界的貪欲，堪爲三界導師，受人天尊重（註釋42）。三、**有樂**：菩薩爲了成辦自他二利，在三界中示現受生，享用天人圓滿受用。四、**苦滅**：世親菩薩說：「解自他平等時得大苦聚滅，亦得滅一切眾生苦力。」第八地菩薩證悟諸法空相，通達自他平等的道理，除了自己能滅除大苦聚，還有減輕眾生痛苦的能力。五、**證樂**：世親菩薩說：「入無生忍時覺證最上樂。」無生指眞如本來就不生不滅；忍指印證；第八地菩薩由於能通達及安住於諸法實相不生不滅的境界，所以得不退轉的無上樂。第二類包括證法陰、習盡和有捨滅捨；是佛地三種的功德。六、**證法陰**：世親菩薩說：「法陰者所謂法身。」又說法身有四種功德：大、勝、常和善聚。無爲法身雖不可取，不可說；但卻是無邊經藏的來源（註釋43）；所以稱爲「大」。佛法身的斷證功德最究竟，較聲聞半佛殊勝，故稱爲「勝」。爲了利益眾生，生死未空，虛空未盡，諸佛恆以法身的狀態安住世間，故稱爲「常」（註釋44）。十力、四無畏是構成法身的「善聚」。四無畏是指佛說法時四種充滿自信的態度，十力如前已述。七、**習盡**：證佛地時，所知障和煩惱障習氣徹底斷盡無餘。八、**有捨滅捨**：佛入於無住涅槃，所謂「有捨」指的是由智不住三有輪迴；所謂「滅捨」是由悲而不住涅槃。

庚四 二乘不及大乘殊勝

十　大體及大義，無邊亦無量，
由善世出世，成熟神通故。

皈依大乘在四種善根方面比皈依二乘殊勝：由於世間善根福德廣大；由於出世間善根具有珍貴意義；由於成熟善根，故能穩定地成熟無量眾生；由於神通善根，就算達致無餘涅槃亦因願力而利生妙用無盡。

世親菩薩說：「大乘歸依者，所有善根由四因故，一切聲聞辟支佛所不能及。」又說：「大體者，謂世間善根，已得超過二乘故；大義者，謂出生善根，二乘出世但自利故；無邊者，謂成熟善根，能成熟無邊眾生故。無盡者，謂神通善根，至無餘涅槃亦無盡故。」（註釋45）皈依大乘的福德比二乘在大體、大義、無邊和無盡這四方面都殊勝。大乘人的福德在初地時已超過阿羅漢（註釋46）；二乘只求自出離，在修行意義上不及大乘積極崇高。誠如世親菩薩在《能斷金剛般若波羅蜜多經論釋》說：「所有一切眾生悉皆攝同菩薩己身，由斯但是寂滅己身，無別有情也。」對菩薩而言，眞正的解脫是自己與所有眾生成爲一體，一起得到解脫。（註釋47）大乘修行人在三大阿僧祇劫內穩定地積聚無量福德資糧，所要成熟的眾生亦無量無邊；最後，菩薩雖證得無餘依涅槃，卻不住涅槃；因爲祂們視三有輪迴與涅槃無有分別；事實上，祂們擁有神通善根，就算住於世間，也不受煩惱邪惡損害。誠如聖天菩薩說：「大勢心意者，此間亦無損，故彼視三有，涅槃無差別（註釋48）。」這裡所謂具大勢心意，是指神通善根。

戊二 總結大乘皈依之體相差別

十一　希望及大悲，種智亦不退；
三出及二得，差別有六種。

> 菩薩以希求佛果為自性。祂因為要救度眾生離苦而成佛，為此祂選擇了皈依大乘，經五位十地修行，結果獲得大菩提一切相智。修行期間縱使面對種種困難逆境，祂也無疲厭地為自他帶來勝生安樂和定善解脫，這就是皈依大乘的業用。菩薩行亦具足令三乘修行人俱能出離的功德。在資糧位發世俗菩提心時，祂得粗品皈依；在見道位發勝義菩提心時，祂得細品皈依。

彌勒菩薩在這一頌總結出大乘皈依的體（自性）、因、果、業用、功德（相應）和品類。世親菩薩解釋說：「希望爲自性，至心求佛體故。」大乘皈依以成就佛三身爲體性，換言之，皈依大乘是希望證得無上菩提。「大悲爲因，爲一切眾生故」。而成就佛果是以大悲心爲因，大悲心與佛果的關係，最初就好像種子，中段就好像水潤令佛果增長，最後佛果成熟，供眾生常時享用（註釋49）。「種智爲果，得無上菩提故」。種智指佛的一切相智；皈依大乘的修行人經三大阿僧祇劫修行，積聚無量福慧資糧；最終得佛的一切相智而證無上菩提。「不退為業，行利他難行行不退不屈故」。菩薩無有疲厭地行持種種難行，利樂有情，到了成佛所謂「眾生未空常利世」，盡未來際利樂一切有情。「三出為相應，具足三乘出離行故」。「三出」是指大乘、聲聞乘和獨覺乘所修的功德都同樣是出離生死輪迴；而出離就是三乘共同的結果。「二得為品類」。初基修行人所謂地前菩薩在皈依大乘時，發世俗菩提心，這是粗淺的皈依大乘，稱「世俗得」；入初地的菩薩在現證眞如時發勝義菩提心，這種深細和進入大乘聖賢行列的大乘皈依，稱為「法性得」。

戊三 攝義

十二　皈依有大義，功德聚增長，
意悲遍世間，廣流大聖法。

皈依大乘具有自利、利他的巨大意義。自利方面能使自己功德無量地增長；利他方面能使世間普遍地充滿關懷同情的善意，而世人亦廣泛地信奉大乘正法。

以上講畢〈皈依品〉。任何人想脫離輪迴的痛苦，必須皈依三寶。雖然修行人可以選擇皈依小乘或者皈依大乘；但彌勒菩薩已指出，皈依大乘確比皈依二乘殊勝。話雖如此，事實是現今仍有不少人皈依小乘，依小乘教法修行。爲甚麼呢？這牽涉到每個修行人的種性。彌勒菩薩繼〈皈依品〉後，宣說〈種性品〉。

第四 種性品

丁二 種性品

戊一 宣說眾生有種性

己一 總標略說

一　**有勝性相類，過惡及功德；**
　　金譬與寶譬，九種各四種。

我們列舉九點來說明有關種性，尤其是大乘種性問題。種性是有，眾生是有不同的種性；大乘種性最殊勝；大乘種性的體性；大乘種性的相狀；大乘種性的種類；障礙大乘種性發揮作用的過失；大乘種性的功德；以黃金譬喻大乘種性和以珍寶譬喻大乘種性。上述每個問題再可以各自從四方面來理解。

己二 其義廣說

庚一 成立眾生有不同種性

二　由界及由信，由行及由果，
由此四差別，應知有性體。

由於眾生有不同個性，不同的信解，高低不同程度的修行，證悟深淺不同程度的解脫果；由這四點來看，證明有「種性」的存在。

世親菩薩在《論釋》說：「種性有體由四種差別，由界差別者眾生有種種界無量差別；如《多界修多羅》說。」我們可以從四方面分析，說明眾生有不同種性。第一是「由界」，這可理解為眾生有千差萬別的個性。世親菩薩引《中阿含・一八一・多界經》（註釋50）說芸芸眾生種性互異，佛在經中就列出眾生界有六十二種之多，各有種種差別；有些貪欲熾盛，有些瞋心猛烈，有些愚癡深重；同一愚癡中，就其嚴重性亦有極多差別。「由界差別故，應知三乘種性有差別」。由此世親菩薩推斷出佛弟子中亦應有大乘種性、獨覺種性和聲聞種性。第二是「由信」，有些人從一開始便對大乘充滿信心；或者遇上的善知識都是大乘修行人；亦有人信二乘不信大乘。若果不是有種性的話，這種情況不可能出現。「由信差別者，眾生有種種信可得；或有因力起，或有緣力起；能於三乘隨信一乘非信一切；若無種性差別則亦無信差別」。第三是「由行」，有些人能修六波羅蜜，有些人修不了六波羅蜜；如果沒有種性的話，這種情況不可能出現。「由行差別者，眾生行菩薩行或有能進或有不能進；若無種性差別則亦無行差別」。第四是「由果」，所謂種瓜得瓜，種豆得豆，有甚麼種子就有甚麼果實；聲聞得下等菩提，獨覺得中等菩提，菩薩得上等菩提；如果沒有種性的話，這種情況不會出現。「由果差別者，眾生菩提有下中上；種子、果相似故，若無種性差別則亦無果差別」。經過詳細分析，彌勒菩薩肯定種性是存在，在佛教修行中基本上可確立有 大乘種性、獨覺種性和聲聞種性。

庚二 成立大乘種性為殊勝

三　明淨及普攝，大義亦無盡，

由善有四勝，種性得第一。

大乘種性是比二乘殊勝的。因為祂是遠離二障光明清淨；祂是佛十力圓滿之因；祂具自利利他的普世價值；輪迴未空，祂的善根永無止盡地饒益眾生。

甚麼是善根明淨？這是指眾生心本性清淨，只因受到以我執爲中心的煩惱障和有法執不能通達眞如的所知障所障蔽，不得顯露。聲聞種性和獨覺種性沒有能力令這本性清淨的心顯露，只有大乘種性依修行力量才可令這明淨善根顯露。「非諸聲聞等善根如是明淨故」。由於大乘的善根有明淨、普攝、大義和無盡這四種因素，所以彌勒菩薩認爲大乘種性最殊勝。

註釋

41. 誠如月稱菩薩《入中論・三淨地・頌六》云：「住不動地無分別，證得量等百千轉，三千大千佛世界，極微塵數諸功德。」
42. 如前〈三淨地・頌二〉云：「淨慧諸過不共故，八地滅垢及根本，已盡煩惱三界師。」
43. 如《能斷金剛般若波羅蜜多經・第三疑》云：「如來、應、正等覺所證、所說、所思惟法皆不可取，不可宣說；非法，非非法。」但為了令眾生能藉世間名言逐步聞思修佛所證所思惟的殊勝境界，所以當眾生善緣具備，化身佛便安立名言說法，而聖人們將之記錄成文字，結集成經藏。如月稱菩薩《入中論・現前地・頌八十》云：「由名言諦為方便，勝義諦是方便生。」
44. 如月稱菩薩《入中論・究竟佛地・頌十八》云：「此寂滅身無分別，如如意樹摩尼珠，眾生未空常利世。」
45. 見《論釋》。
46. 如月稱菩薩《入中論・極喜地・頌八》云：「即住最初菩提心，較佛語生（聲聞）及獨覺，由福力勝極增長。」
47. 見拙作《能斷金剛般若波羅蜜多經講義》第三講。
48. 見《菩薩瑜伽行四百論・明菩薩行品・頌二十二》。
49. 如《入中論・敬禮大悲・頌二》說：「悲性於佛廣大果，初猶種子長如水，常時受用若成熟。」
50. 相當於南傳大藏經《中部經典・第一一五經》。

應用思考問題

1. 大乘人依菩提心、經教和無為真如修到漸近圓滿，例如菩薩第八、九、十這三淨地和佛地時，有八種比依二乘修行殊勝的功德。三淨地菩薩有福德、尊重、有樂、苦滅和證樂五種功德；佛地有證法陰、習盡和滅捨三種功德。試依頌九詳細說明。
2. 彌勒菩薩列舉四點説明皈依二乘的功德比不上皈依大乘。試依頌十說明。
3. 大乘菩薩為了利益眾生，所以很重視具備神通能力。例如阿羅漢要入定才能顯現神通，而大乘菩薩——尤其是大乘密咒瑜伽士——在日常生活中亦可顯現神通。此外，大乘菩薩有氣魄入無住涅槃，能入世間不為惡人所損、煩惱所染；全因為祂們擁有神通善根。試依前註釋5、本品頌十和聖天菩薩《菩薩瑜伽行四百論・明菩薩行品・頌二十二》，說明大乘菩薩擁有神通善根，所以有能力履行菩薩救世的原因和情況。
4. 彌勒菩薩在頌十一以體、因、果、業用、功德相應和品類這六點來說明大乘皈依的內涵，試詳細解釋。
5. 彌勒菩薩以「三出」和「二得」形容大乘皈依的功德和品類，何謂「三出」？何謂「二得」？請依世親菩薩《論釋》解釋。
6. 彌勒菩薩苦口婆心地勸信佛者皈依大乘，事關皈依大乘具有自利利他兩方面偉大崇高意義。試依頌十二說明。
7. 為甚麼彌勒菩薩繼〈皈依品〉後宣說〈種性品〉，兩者有何關連呢？

8. 何謂種性？無著菩薩在《瑜伽師地論・菩薩地》依無漏智種子是否具備這一點？將眾生分成菩薩種性、獨覺種性、聲聞種性、不定種性和無種性；但在本論〈種性品〉中，你可以找到五種性的說法嗎？為甚麼？
9. 彌勒菩薩以九方面和每方面各有四個不同層次來闡述種性是存在和大乘種性的殊勝。試依〈種性品・頌一〉說明。
10. 彌勒菩薩從修行人有不同界性、信解、修行高低、證果深淺這四點來肯定「種性」的存在。世親菩薩詮釋此頌時，以三乘來概括種性差別，例如「應知三乘種性有差別」、「能於三乘隨信一乘、非信一切」、「（眾生修菩薩）行或有能進或有不能進」、「眾生菩提有下中上」。試分別依頌二頌文及《論釋》解釋修行人在修行期間確有三乘種性的差別。
11. 試依頌三說明大乘種性較二乘種性殊勝的原因。
12. 你覺得自己是大乘種性抑或二乘種性？你認為修行到甚麼程度，自己屬甚麼種性的答案，才可正式揭曉？你認為在離言真如中會有種性的差異嗎？

《大乘莊嚴經論》第6講

上堂提到既然皈依大乘比二乘爲殊勝，理應所有佛教徒皆皈依大乘；但事實是仍有不少佛教徒皈依小乘，依小乘教法修行。爲甚麼呢？彌勒菩薩認爲當中牽涉到每個修行人的種性。所以彌勒菩薩繼〈皈依品〉後，宣說〈種性品〉。祂首先肯定種性是有的；「由界及由信，由行及由果，由此四差別，應知有性體」。但我們要留意彌勒菩薩提到「有」這字眼，都是指「虛妄分別有」的心、心所活動層面，在虛妄分別背後的眞如體，仍應不存在種性實有、實無的名言概念。事實上，由種性所衍生的問題，例如一切眾生是否有佛性、是否皆可成佛等，歷來都有不同的意見；箇中原因，甚深難解，甚至也許只有佛或極高階位菩薩例如彌勒菩薩才有能力去解答。彌勒菩薩在《莊嚴經論》採用的是折衷的說法：一切眾生先天性法爾本然具有無漏智的成佛種子——本性住種性，但要成佛就必須配合後天條件——習所成種性，例如遇上善知識指引和發菩提心。本性住種子是一切眾生皆有，而習所成種性則不是所有眾生皆有。「性種及習種，所依及能依，應知有非有，功德度義故」。我們還要留意一點，彌勒菩薩雖然提到有「無種性」的眾生；但並非否定他們天生沒有佛性，而是指「無種性」的眾生是無法或很艱難才得涅槃果。如果以種子作比喻，「無種性」的眾生指的是一顆處身於惡劣環境下終久不能發芽的種子。所以「無種性」的眾生，不是說他們沒有俗稱「佛性」的本性住種性，而是要喚醒他們就比較困難了。例如彌勒菩薩提到「無種性」有兩種，暫時性和永久性的無種性。前者稱時邊般涅槃法，有四種：第一、因為性格極暴惡，完全受煩惱控制；第二、受邪師蠱惑，產生邪執；雖做好事但福德微弱，無緣修善行；第三、雖做世間善行，但愚癡到不感到輪迴是苦，因而缺乏出離心，不做些少出世間善行；因而不得涅槃；第四、雖做些出世善行，但屬聲聞獨覺劣根，福德無法圓滿。彌勒菩薩語重心長地提醒眾生；那些絲毫不肯造作善業，不察覺輪迴是苦，不求出離的人因長久輪迴生死而麻木不仁，顛倒地執三界苦海尚有快樂，不肯出離，因而永斷造涅槃因；就如焦芽敗種，墮入永久性無種性，亦即畢竟無涅槃法，永遠無法涅槃。「一向行惡行，普斷諸白法，無有解脫分，善少亦無因」。

彌勒菩薩強調：雖然一切眾生都法爾本然地具有大乘種性，但這先天的大乘種性卻極需後天努力才能喚醒，就好像要適當的土壤、溫暖的陽光和充足的水分，菩提樹種子才能發芽。彌勒菩薩分析有四種因素阻礙大乘種性甦醒：一、習惑，二、惡友，三、貧窮和四、爲他所制；「應知菩薩性，略說有四失；習惑及惡友，貧窮屬他故」。作爲大乘修行人當務之急，就是要對治這四種過患：第一、一點一滴地長期串習善法；第二、遠離惡友，親近善知識；第三、勤修八異熟因；第四、堅信三寶，摧伏我慢。眾生若能以此四法對治煩惱，則根本不會出現永久性無種性；此外亦無有三乘，只有一乘；因爲一切眾生最終決定能盡斷煩惱，究竟成佛。

最後，彌勒菩薩以菩提樹的根來譬喻大乘種性，以蔽天樹蔭遣除熱惱，令眾生身心清涼來譬喻大乘種性成長後爲自他帶來利樂果報，最後總結出大乘修行人的本性住種性和習所成種性比凡夫和聲聞二性都殊勝。「增長菩提樹，生樂及滅苦；自他利爲樂，此勝如吉根」。

庚三 大乘種性之自性

四 性種及習種，所依及能依，
應知有非有，功德度義故。

> 大乘種性有四種：一、本性住種性；二、習所成種性；三、本性住種性是所依；四、習所成種性是能依，能所二依和合，才可以令大乘種性發揮作用。一切眾生都法爾地具有本性住種性，而習所成種性並非所有眾生都有，只有發菩提心的人才有；而種性（梵文果札）的意思是依具備種種大乘修行功德，從生死輪迴中解脫出來。

大乘種性的本質，唯識瑜伽士視之等同於種子；基本上分爲本性住種性和習所成種性。但從修行人是否具足大乘種性或大乘種性是否能發揮出作用，所謂未習成果和已習成果的角度出發，再可分成「所依」種性和「能依」種性。本性住種性是指一切眾生都法爾（註釋51）本然具有能斷煩惱障和所知障的無漏種子，但眾生單有本性住種性是不能成就大乘種性的，要加上習所成種性例如在後天修行環境中遇上善知識，發菩提心，修習六度，增長本有的無漏種子，這位修行人才算是具足大乘種性，或者說這人的大乘種性才發揮出作用。所以眾生皆有本性住種性，它是眾生成佛的基礎；但並不能說眾生因爲具有本性住種性就具足大乘種性，更不能說未經發心修行就可以成佛；這還得看他是否遇上合適的條件和環境，例如發展出習所成種性。就好像每顆種子都有發芽的潛能，但將它放在冰寒乾燥的環境，無論將這種子放多久，也永遠不會發芽生長。世親菩薩總結大乘種性的自性說：「功德度義故。」意思是大乘種性具備種種功德，積少成多後便能從輪迴苦海中獲得解脫。

庚四 大乘種性之相狀

五　大悲及大信，大忍及大行；
若有如此相，是名菩薩性。

大乘種性有四種相狀：大悲、深信、安忍和天性喜愛行善。這都是大乘種性的特徵。

具有大乘種性的修行人，天生就有悲愍眾生痛苦；信奉三寶，喜歡接近大乘教法；安忍別人對自己造成的傷害和樂善好施的性格。雖然這些修行人已具本性住的大乘種性，但如果他們擁有這四種功德，很快便會遇到善知識，攝引入大乘佛門；然後發菩提心令習所成的大乘種性成熟。

庚五 大乘種性的品類

六　決定及不定，不退或退墮；
遇緣如次第，品類有四種。

大乘種性簡略可分為決定、不定、不退和退墮四種。決定者縱遇逆緣亦不退，不定者遇逆緣便會退墮。

有決定種性的大乘修行人縱遇逆緣也不退轉；相反，屬不定種性的則受外緣所轉；例如不定種性遇上大乘善知識，就可以走成佛之路；若遇上二乘善知識，最後就只能走聲聞獨覺之路。

庚六 障礙大乘種性發揮作用的過患

七　應知菩薩性，略說有四失，
習惑及惡友，貧窮屬他故。

能障礙大乘種性發揮作用略說有四點：慣受煩惱惡習

支配，受惡友邪師的影響，因貧苦而造作惡緣，被別人主宰不得自在。

前文提到，眾生法爾本然地就具有大乘本性住種性，換言之，天生就具備成佛無漏智，問題是我們要靠後天的條件配合，例如有大乘習所成種性出現，才能把大乘本性住種性喚醒。彌勒菩薩提出有四種因素，令眾生內心的大乘本性住種子沉睡，不能發揮大乘種性功德作用。世親菩薩這樣說：「菩薩種性過失，略說有四種：一者習惑，功德不行煩惱多行故；二者惡友，離善知識狎弊人故；三者貧窮，所須眾具皆乏少故；四者屬他，繫屬於人不自在故。」意思是說：有四種因素令大乘種性不能發揮作用，障礙本性住種子甦醒：第一是習惑，些微好事都欠奉；煩惱熾盛，難以抑制。第二、依附外道邪師，結交損友，增長惡行。第三、貧苦所逼，疲於謀生，無暇修法。第四、受他人主宰，不得自主；例如生於王賊家。作為大乘修行人，應以如下方法對治：第一、以串習善法對治習惑；不要懈怠，不要急進，一點一滴地令內心遠離長久習慣受煩惱控制的狀態。第二、依止善知識（註釋52），結交善友。第三、依彌勒菩薩所教，勤修菩薩八異熟因（註釋53）。第四、於師長等摧伏慢心，殷勤禮拜；猶如僕人般侍奉師長。

大乘修行人應避免上述四種過患，並且努力圓滿各種習所成種性生起的條件。

庚七 大乘種性之殊勝

八　功德亦四種，雖墮於惡趣；

遲入復速出，苦薄及悲深。

具有大乘種性的修行人即使墮入三惡道，亦有四種功德：善業推遲他下墮惡道；就算投生後亦很快便從三惡道中走出來；就算生於三惡道，痛苦也是輕微；在惡道受苦時，反激發起大悲心，令自他善根成熟。

就如無著菩薩在《瑜伽師地論・卷三十五》說：「菩薩雖生諸惡趣中，由（大乘）種性力，應知與餘（例如凡夫、二乘人）生惡趣者有大差別。謂彼菩薩久處生死，或時時間生諸惡趣，雖暫生彼速能解脫；雖在惡趣，而不受於猛利苦受；如餘有情生惡趣者（相比，不遭受惡趣如此劇苦），雖觸微苦，而能發生增上厭離；於生惡趣受苦有情，深起悲心。如是等事皆由（大乘）種性佛大悲因之所熏發。」

庚八 以黃金譬喻大乘種性

九　譬如勝金性，出生有四種，
諸善及諸智，諸淨諸通故。

應知大乘種性就如同金礦，無量善行就如金礦能生產極多黃金；無量智慧亦如黃金色澤晃耀；大乘種性不為煩惱障、所知障雜染，亦如黃金純淨無垢不為雜質所染；大乘種性能以神通調柔自他，就如黃金一樣可塑性高，縱經煅燒錘打亦不會損減。

庚九 以珍寶譬喻大乘種性

十　譬如妙寶性，四種成就因，
大果及大智，大定大義故。

應知大乘種性如同寶石一樣；寶石淨度完美無瑕，就如大乘種性只為無上菩提因。寶石成色清澈妙好，就好像大乘種性證大菩提後有大圓鏡智等四智光明嚴飾。寶石經工匠精心切割，形象美妙，外觀吸引；大乘種性修行人修持甚深止觀，有殊勝三摩地莊嚴。寶石價值不菲，能養活多人；大乘種性亦能自利利他，為眾生利樂泉源。

世親菩薩在《論釋》說：「（上文）已廣分別（有種）性位，次分別無（種）性位。」（註釋54）意思是說：雖然所有眾生都有本性住種性，但有些眾生暫時無法得涅槃果，甚至有些永久不得涅槃果；這些眾生被視爲「無種性」。

戊二 宣說眾生無種性

十一　一向行惡行，普斷諸白法，
無有解脫分，善少亦無因。

猶如種子不能發芽，無法令大乘種性甦醒所謂的無種性有兩種：暫時性無種性和永久性無種性。暫時無法甦醒而「無法得涅槃果」的大乘種性有四種：第一、一向唯造作無間罪等罪行；第二、只做微量好事，但整體而言被罪苦壓住；沒有善根；第三、只做世間有漏善，沒有出離三界意願。第四、例如僅有聲聞獨覺下劣善根，沒有圓滿福報的人。另外還有永久無法甦醒大乘種性的眾生。

彌勒菩薩在頌中卻又不無遺憾地宣佈：有些眾生被視爲「無種性」。世親菩薩在《論釋》中將這類被視爲「無種性」的眾生分成兩類：時邊般涅槃法和畢竟無涅槃法，前者指暫時性無種性，後者指永久性無種性。《論釋》說：「時邊般涅槃法者有四種人，一者一向行惡行，二者普斷諸善法，三者無解脫分善根，四者善根不具足。」暫時無種性又有四類人：有些人稟性邪惡，慣造惡行；特意干犯五無間等極重惡行，因而長時期墮入惡趣，故不得涅槃果。第二類是終其一生只做一兩件輕微好事；大體而言，這類人都被煩惱罪苦大山壓住，不能翻身。第三類感受不到輪迴痛苦，甚至執苦爲樂（註釋55）；這類人雖做世間有漏善，但無論甚麼時候，他們都處於生死輪迴中，不肯出離；無緣製造涅槃因。第四類是指前面頌六所說不定種性中的修行人只遇到二乘善知識，雖肯出離，修出世間善法，但欠缺大乘圓滿福德，故亦列入暫時性無種性。這四類人雖具佛性，但因違緣障礙，不具大乘修行條件，暫時無 法修學大乘佛法；猶如地球植物種子在月球泥土播種，根本無法發芽；故稱無種性。世親菩薩認爲有類人屬「畢竟無涅槃法」，亦即永久性無種性；對這些人來說，無論甚麼時候，他們因被深重煩惱所牽引而處於生死輪迴中，無緣製造任何涅槃的因。但作爲世親菩薩傳承者，那爛陀寺十七班智達之一的法稱論師，在《釋量論．卷四》

提出對有永久性無種性，即世親菩薩所指的畢竟無涅槃法的質疑：「常故、無便故、或便無知故，爲何遍計說，諸過失無盡」？「有因故、由修，因對治盡故，由了知因性，知彼亦成立」。祂認爲既然眾生皆有本性住種性，而障礙這些大乘種性發揮作用的煩惱又不是恆常，所以一定有方法去斷除；而諸佛已經有方法斷盡三界煩惱，證得涅槃果；同時祂們又以普度眾生爲懷，而另一方面，眾生亦有希望離苦得樂的本性，由於這五種原因，眾生遇上合適環境的話，一定會修行大乘佛法。所以畢竟無涅槃法的永久無種性不能成立，而一切眾生有佛性卻可成立。再進一步來說，阿羅漢、辟支佛最終亦會迴小向大，斷盡餘下的煩惱習氣，成就無上菩提。

戊三 以讚歎大乘種性作結

十二　廣演深大法，令信令極忍，
究竟大菩提，二知二性勝。

雖然對於大乘的廣大戒行和甚深智慧尚未能完全掌握，但在大乘種性的驅動下，修行人僅聞思大乘，已生起廣大信心和能安忍三大阿僧祇劫長時間去積集無量福慧資糧的艱苦修行過程；最後得證無上菩提。應知大乘的本性住種性和習所成種性，比起凡夫和聲聞的本性住種性和習所成種性，都較殊勝。

世親菩薩在《論釋》說：「二知者，謂諸凡夫及諸聲聞。」二性，指兩種大乘種性，先天的本性住種性和後天的習所成種性。大乘修行人的二性比凡夫和聲聞的二性都殊勝。

質疑：大乘種性如何殊勝？

十三　增長菩提樹，生樂及滅苦；
自他利為樂，此勝如吉根。

大乘種性就好像菩提樹的妙根，能生起佛十力，猶如茁壯樹幹和茂盛綠葉；以蔽天樹蔭來遣除熱惱，令眾生身心安樂；又如菩提樹碩果累累，大乘種性能令自他出生利樂果報。

註釋

51. 法爾亦作法爾如是的道理，如「以一加一等於二」一樣，自然如此。

52. 無著菩薩極度重視具大乘種性的修行人，因不能依止大乘善知識或不遵教導所造成的障礙，在《瑜伽師地論・卷三十五》說：「又諸菩薩雖具（本性住）種性，由四因緣不能速證阿耨多羅三藐三菩提。」第一種障礙是未能值遇諸佛菩薩等大善知識；第二是雖遇善知識為説正法，可惜卻又錯誤地修學諸佛菩薩的正法；第三是雖遇善知識為説正法，亦能無顛倒修學；但由於懈怠，不精進加行，設成障礙。第四是雖值遇諸佛菩薩為説正法，亦能勇猛精進無顛倒加功修行；但所積習福慧資糧未夠火候，不足以圓滿修習菩提分法。「如是菩薩雖有種性，因緣闕故，不能速證無上菩提」。

53. 無著菩薩在《瑜伽師地論・卷三十六》提出八種如何解決「貧苦多怨，横結惡緣」這問題。一、謂諸菩薩於諸衆生不加傷害，遠離一切傷害意樂，是名菩薩壽量具足因。二、惠施光明鮮淨衣物，是名菩薩形色具足因。三、於諸衆生捨離驕慢，是名菩薩族性具足因。四、於資生具有所匱乏，遊行乞丐，諸衆生所；隨欲惠施；是名菩薩自在具足因。五、所言誠諦；亦不好習乖離粗獷，不相應語；是名菩薩信言具足因。六、攝持當來種種功德，於自身中發弘誓願，供養三寶及諸尊長；是名菩薩大勢具足因。七、樂丈夫體，厭婦女身，深見過患；由二因緣施他人性：一者女人樂女身者，勸令厭離解脫女身；二者丈夫將失男根，方便護攝，令不失壞，及說正法令得男身；是名菩薩人性具足因。八、於諸眾生以身供事，隨其所作如法事業，皆往營助；如己力能，以其正法，不以卒暴（急促），用能增長身心勢力，餅飯糜等種種飲食，施諸眾生；是名菩薩大力具足因。

54. 世親菩薩和窺基法師都喜歡用集類推論，既然有些眾生是有種性，理應有些眾生是無種性。例如窺基法師在《唯識樞要》中說：「所說無性，決定應有。有無二性隨一攝故。如有性者。」雖然宗因喻都妥當，但「無種性」可能是不含分子的空類。

55. 如聖天菩薩《菩薩瑜伽行四百論・明破樂執方便品・頌二十三》云：「異生不見苦，云被樂所覆，然能障蔽苦，其樂都非有。」

應用思考問題

1. 為何彌勒菩薩在頌四說一切眾生都法爾自然地有俗稱佛性的本性住種性；但在頌十一卻說有些眾生是無種性？這裡所指的無種性與無法得涅槃果有何關係？
2. 作為世親菩薩的傳人，法稱論師（西元六五〇左右）如何成立佛性（善逝性）及認為永久性「無種性」，所謂「畢竟無涅槃法」無法成立？試引《釋量論・卷四》說明。
3. 何謂本性住種性？何謂習所成種性？哪些是眾生法爾自然本具？哪些只有部份眾生才有？試依頌四說明。
4. 試依頌五說明具有大乘種性修行人的特徵。
5. 有決定大乘種性的修行人縱遇違緣亦不退轉，而屬不定大乘種性的在遇上挫折卻會退縮；這兩類修行人有何特性？二乘種性跟決定種性和不定種性又有何關係？請依頌六說明。
6. 彌勒菩薩指出有四種造成大乘種性修行的障礙，試依頌七說明。能否和龍欽巴尊者在《如意寶藏論》中所列舉修行人要面對的十六種違緣作比較？
7. 我們應如何對治障礙大乘種性發揮作用的四種過患？試引《瑜伽師地論・菩薩地・卷三十六》提到菩薩應修八種異熟因說明。
8. 大乘種性的修行人因重視度他，免不了要在三惡道與惡人共舞；但大乘種性有殊勝功德，就算身處三惡道亦盡顯優

越。試依頌八及釋尊本生例如親友女和嘎瑪熱巴的故事作說明。（參看拙作《心止師教‧下卷》第八十八頁）

9. 彌勒菩薩分別以金礦和寶石為喻，說明大乘種性的可貴，試依頌九和頌十分別說明。

10. 彌勒菩薩說無法令大乘種性甦醒的無種性有兩種，試依頌十一詳述之。

11. 彌勒菩薩認為「無種性」不是沒有成佛的本性住種性，而是「無法得涅槃果」。無法得涅槃果主要是無法斷盡煩惱障，試依頌十一說明。但你覺得作為客塵的煩惱真的無法斷盡嗎？試申論之。

12. 彌勒菩薩以菩提樹根來讚歎大乘種性，又說大乘的本性住種性和習所成種性比凡夫和聲聞都殊勝，試依頌十二和十三說明。

《大乘莊嚴經論》第7講

彌勒菩薩抉擇出皈依大乘的殊勝後，爲了導引二乘弟子迴小向大，於是繼〈皈依品〉後，詮講〈種性品〉。祂認爲雖則在世間確有二乘和大乘的不同；但在佛的報土甚至淨土就只有大乘菩薩，所以「究竟三乘」只對在穢土修行人而說。所謂「淮橘爲枳」，同一顆種子在淮南長出又甜又大的橘子，在淮北則長出又苦又酸的枳子。同理，眾生雖有成佛種子，但二乘人因遇上劣師，便障礙了成佛之路。同時，所有眾生都法爾地有成佛的本性住大乘種性，若環境配合，所有成佛的種子都能甦醒；就好像你參加晚會，到洋服店問有沒有晚禮服；雖然當時店內確沒有你要穿的晚禮服，但洋服店員會向你說：「有，我們有最貼身稱心的禮服。」然後要經選料、度身、剪裁、縫製這些工序；你便可穿上華麗的晚禮服赴宴。同理，現時我們雖看不到人皆有佛性，但假以時日，遇上順緣；眾生確實可以成佛。此外，有反對者特意渲染「無種性」，強調會有部份眾生永久不能成佛。要知道無種性有兩種：暫時性無種性，所謂時邊般涅槃法和永久性無種性，所謂畢竟無涅槃法。前者的眾生多因環境惡劣，福德淺薄，所以無暇修行大乘；對暫時性無種性的眾生，我們鼓勵他們多修持勝生安樂的法門，例如十善、四修學等；待他們先積集足夠的福德資糧，然後才鼓勵他們修斷除煩惱的出世間法。斷煩惱是涅槃因，煩惱不是眾生的本性，不可能沒法盡斷。至少歷史上的釋尊已掌握斷盡煩惱的方法，並傳之於世；所有人都可以跟隨修學。所以我不相信眞的有永久性無種性亦即畢竟無涅槃法存在，我認爲彌勒菩薩提到「無種性」的眾生，不是指他們沒有佛性，而是指喚醒他們本性住種性畢竟比較困難而已。我們尤其要注意頌七的世俗菩提心和頌八、九的勝義菩提心。

第五　發心品

丁三 發心

戊一 發心之體相

修行人縱然是大乘種性，但要成辦自他二利，圓滿無上菩提的話，便要透過發菩提心等修行次第，方能達成目標；所以繼〈種性品〉後，彌勒菩薩接著宣說〈發心品〉。

一　勇猛及方便，利益及出離；
四大三功德，二義故心起。

菩薩以意志——思心所——攀緣無上菩提和一切有情；生起「惟願」勇猛如此、方便如此，成辦丈夫所作功德；「惟願」利益「如此」；相應造作義利功德；「惟願」出離「如此」；相應圓滿攝果功德。

所謂發菩提心，必須具有勇猛、方便、利益和出離的特性相狀；除此之外，還要以「二義爲緣」；菩提心的對象必須是欲求無上菩提和利益一切眾生。世親菩薩這樣描述菩提心的四種必具特性：「一勇猛大；謂弘誓精進，甚深難作，長時隨順故。二方便大，謂披弘誓甲已，恆時方便（註釋56），勤精進故。三利益大，謂一切時作自他利故。四出離大，謂爲求無上菩提故。」菩提心這四種特性顯示出三種功德：「勇猛大」和「方便大」顯示成辦丈夫所作功德，「利益大」顯示造作義利功德，「出離大」顯示圓滿攝果功德。修行人由資糧位初發菩提心到第七地，期間經歷二大阿僧祇劫；積累無量福慧資糧，修習無量法門；沒有勇氣的人是沒能力成辦這事業的，故稱丈夫所作功德。三淨地菩薩能以十自在神通度化眾生，故稱造作義利功德。佛地斷證功德圓滿，故稱圓滿攝果功德。菩提心的相狀，就是專指這四種特性；接著，世親菩薩在《論釋》中介紹菩提心以何爲體；「由此思故發菩提心」。（註釋57）菩提心的體就是「惟願自他皆得無上菩提的思心所」。（註釋58）

世親菩薩說：「已說發心相，次說發心差別。」

戊二 發心之分類

己一 以修行高低階位而分

二　信行與淨依，報得及無障；

發心依諸地，差別有四種。

菩薩發心若依五道十地修行高低階位而分類，可分成四類：資糧位和加行位的信行發心，初地至七地的淨依發心，八地至十地的報得發心和佛地的無障發心。

世親菩薩解釋說：「菩薩發心依諸地有四種差別：一信行發心，謂信行地；二淨依發心，謂前七地；三報得發心，謂後三地；四無障發心，謂如來地。」意思是說：菩薩在資糧位和加行位時，因爲信解深廣的大乘空性教法而發心；所以稱爲信行發心。初地菩薩至第七地菩薩，由於證得自他平等，從而清淨能取、所取的垢障，得清淨意樂；初地菩薩至第七地菩薩的發心就是依這種已斷能所二取障的清淨意樂而發心，所以稱淨依發心（註釋59）。第八地至第十地這三清淨地的菩薩，因爲經歷七地修行已圓滿修成六度，於是得到十自在的異熟果報（註釋60）；爲了獲得無上菩提和利益眾生，三淨地菩薩發心在三有輪迴普現種種化身來利益有情（註釋61），這便稱爲報得發心。而在佛地時，因盡斷煩惱障和所知障及微細習氣，所以稱爲無障發心。

質疑：凡夫和菩薩爲了成就無上菩提而發心，爲何成就了無上菩提的佛仍要發心？

解惑：我們看到佛有種種化身，就知道佛在無上菩提果位上仍有發心，祂爲了利益一切眾生，待眾生福業成熟而示現成道及現涅槃。（註釋62）

己二 以基本性質而分

以下唐譯本頌三至頌六的頌文有些一句一頌，有些二句一頌或三句一頌，不如平常的四句一頌。現依英譯梵文版分頌。

世親菩薩從菩提心十一種基本性質進行仔細分折：一根——根本、二依止——意趣、三所信——信解對象、四所緣——目標、五所乘——發動力、六所住——支持、七障難、八功德、九自性——內涵、十出離和十一究竟。

三　大悲與利物，大法將種智；

> 菩提心的根本是大悲心；菩提心的意趣是恆常懷抱如何利益眾生；菩提心的信解對象是深廣的大乘佛法；菩提心的目標是尋求諸法實相的智慧。

世親菩薩在《論釋》說：「菩薩發心以大悲爲根，以利物爲依止，以大乘法爲所信，以種智爲所緣。」

大悲心是諸佛菩薩發菩提心的根本，換言之，大悲心是佛果的因。根據月稱菩薩所說，大悲心雖有緣我、緣我所與無緣大悲三種，但都是以救拔一切有情離苦爲業用（註釋63）；並強調說：「若已發起諸大悲心，便能引大菩提心；我爲利益一切有情，願當成佛。（註釋64）」此外，我們要注意到以「種智爲所緣」這一句，「種智」是指菩薩的「道種智」，指菩薩了解種種修行的方法。

四　勝欲亦大護，受障；

它的推動力是在修行階位中層層勝進，它以菩薩戒作為支持，退失菩提心是它的障礙。

世親菩薩繼續解釋說：「以勝欲爲所乘，欲無上乘故；以大護爲所住，住菩薩戒故；以受障爲難，起異乘心故。」意思是說：修行人希望由信解行地證得初地，由初地證得三淨地，由三淨地證得佛地；這種希求勝進就是菩提心的推動力。嚴守菩薩戒是發菩提心的支持。退失菩提心，例如捨大向小，唯求自利，不顧利他；這是發菩提心的障難。依據薩迦班智達（1182-1251）在《牟尼密意顯明論》中提到爲何修行人會退失菩提心的三個原因：「退失菩提心的第一個原因是，由於成佛須經歷很多不同階段，還要照顧無量有情，這實在是非常困難，行者因感畏怯而產生放棄成佛的念頭。退失菩提心的第二個原因是，由於見不到修持的效果而感到氣餒；例如有些人行種種善，卻換來更多痛苦；他們因修持布施而變得更加貧窮；因謹守戒律而得更多病患；他們縱使謹慎地修持，但於身心上反生起更多的痛苦煩惱；這些修行人感到心灰意冷，因而想要放棄菩提心。第三個原因是，由於見到世間充滿著痛苦而感到無能爲力。無論做了多少善事，別人總是趁機利用，甚至損惱對待，不但沒有爲你對他們所做的表示感恩，還要抱怨並加以傷害。」薩迦班智達以過來人的經驗提出對治的方法：「這時，行者不應放棄，因爲當你騎著菩提心之馬，你將會從一個地方走向另一個更美好的地方，故不應感到氣餒。」（註釋65）此外，我們亦應時刻以寂天菩薩的教言提醒自己：「菩薩戒墮中，此罪最嚴重；因彼心若生，將損眾生利。」退失菩提心是菩薩戒最嚴重的過犯行爲，因爲這將令一切有情因利益減損而失落。（註釋66）「若誓利眾生，而不勤踐履，則爲欺有情，來生何所似」？假如我許下承諾要利益眾生，但又不能守諾言的話；那麼，所有眾生都被我出賣，我做人還有宗旨嗎？（註釋67）

五　及增善，福智與修度；

發菩提心的功德是可以令善行無限地增長，菩提心涵括了福德資糧和智慧資糧；發了菩提心再經修行六度，便能從輪迴中出離。

寂天菩薩曾將發菩提心和世間一般善行作比較，發覺發菩提心能令功德無窮盡地增長。「其餘善行如芭蕉，果實生已終枯槁；菩提心樹恆生果，非僅不盡反增茂」。（註釋68）世間一般善行如芭蕉，長出果實以後必枯萎而死；唯有殊勝菩提心妙樹，結出果實後不但不枯萎，反而欣欣向榮。關於菩提心「以福智為自性」，龍欽心髓傳人米滂仁波切有精闢的見解：「甚麼是菩提心的自性？欲安置眾生於涅槃地的大悲即是福德資糧；於勝義中了達無有任何眾生被安置於涅槃的空性慧即是智慧資糧，如是二種資糧即是菩提心的自性。」這活現了釋尊在《能斷金剛般若波羅蜜多經》所提到對菩薩而言，真正的解脫是自己與所有眾生成為一體，並一齊得到解脫，而不是執著身外實有一個被自己救度的有情。（註釋69）世親菩薩說：「以習諸度為出離。」即是說光是發「願菩提心」是不夠的，必須要實踐「行菩提心」，所謂修習六度圓滿，才能出離生死。「願心於生死，雖生廣大果，猶不如行心，相續增福德」。（註釋70）

六　及以地地滿，初根至後竟，
隨次解應知。

菩提心以「地」為究竟；當修持圓滿完成每地的功德時，就是菩提心在該地的究竟。應當從上述十一種角度去理解菩提心。

宗喀巴這樣解釋「地」：「名為地者，以是功德依處，猶如大地，故立是名。」（註釋71）換言之，「地」是修持勝義菩提心進程中的每期小結，例如從初地發第一勝義菩提心，圓滿布施波羅蜜多開始，繼而第二地發第二勝義菩提心，圓滿持戒波羅蜜多；乃至第十地發第十勝義菩提心，圓滿智波羅蜜多，則稱十地究竟。（註釋72）

己三 以依他開示及親見法身而分

七　友力及因力，根力亦聞力；
四力總二發，不堅及以堅。

世俗菩提心是指透過善知識的開示的友力、大乘本性住種性甦醒的因力、累世所積習福慧善根的根力和聽聞大乘教法而生起殊勝的聞力（ 梵本多出：行者繼續多聞熏習的善修習力）所引發的菩提心。透過友力所起的菩提心性質不堅固，透過因力、根力和聞力所起的菩提心性質堅固。

又，在信行地所發之心，稱世俗菩提心；在前七地、三淨地和如來地所發之心，稱勝義菩提心。簡單來說，世俗菩提心可透過聞思從他人如善知識處獲得，就如世親菩薩說：「若從他說得覺而發心，是名受世俗發心。」勝義菩提心則需透過修慧親自證悟空性才可生起。世俗菩提心又分爲願菩提心和行菩提心。正如寂天菩薩說：「略攝菩提心，當知有二種：願求菩提心，趣行菩提心。」（註釋73）單是發願，不能成辦無上菩提，還須實際行動，例如一點一滴地串習六度，透過聞思修引發無漏智見道。

註釋

56. 修行人發菩提心後，彌勒菩薩在本論〈覺分品・頌二十一之二〉提到修習五種利益有情的方法（巧方便）：「自熟與成生，速果並作業，生死道不絕，説此為五巧。」世親菩薩解釋説：「自熟佛法，以無分別智為巧方便；二成熟眾生，以四攝法為巧方便；三速得菩提，以懺悔隨喜，請轉法輪，生起勝願為巧方便；四作業成就，以二門（陀羅尼門及三昧門）為巧方便，以此二門能成就利益眾生業故；五生死道不絕，以無住處涅槃為巧方便。」發菩提心後，修行人修學這五巧方便來自利利他。

57. 見世親菩薩《論釋》。

58. 思心所屬遍行心所，《成唯識論》説：「思謂令心造作為性，於善品等役心為業。」例如修行人發菩提心時伴起思心所，於無上菩提及一切有情的對境上，驅使心、心所完成種種善的行為。由於思心所要經謀、斷、行而有審慮思、決定思和動發思的分別；所以菩提心亦有願菩提心和行菩提心之分，兩者以行菩提心為殊勝。

59. 這種淨依發心又名「勝義菩提心」。依彌勒菩薩説：有漏的心、心所活動（虛妄分別）是存在，但凡愚在這虛妄分別中有能取的「我」和所取的「世界」和「人生」，卻是不存在。當修行人斷除二取的執著，亦即見道，就能見佛法身；成為初地菩薩。

60. 《攝大乘論本・果斷分・第十》云：「白法所成為相：謂六波羅蜜多圓滿得十自在故。此中壽自在，心自在，眾具（財）自在，由施波羅蜜多圓滿故；業自在，生自在，由戒波羅蜜多圓滿故；勝解自在，由忍波羅蜜多圓滿故；願自在，由精進波羅蜜多圓滿故；神力自在五通所攝，由靜慮波羅蜜多圓滿故；智自在，法自在，由般若波羅蜜多圓滿故。」關於十自在的詳細解釋，可參考拙作《入中論講義》頁六〇八至六〇九。

61. 如《入中論・三淨地・頌三》云：「滅生而得十自在，能於三有普現身。」

62. 如世親菩薩解釋本論〈教授品〉頌文「住此（佛地）所作事，但為利群生」中說：「住此所作事者，謂住此（佛）位中乃至窮眾生生死際，示現成道及現涅槃故。問此事何所為？答但為利群生。」

63. 如《入中論・敬禮大悲・頌三、四》云：「最初說我而執我，次言我所則著法；如水車輪無自在，緣生興悲我敬禮。眾生猶如動水月，見其搖動與性空。」由於大悲心與菩提心互為掛勾的關係，所以緣我大悲、緣我所大悲便相應於世俗菩提心；而無緣大悲（緣無自性大悲）便與勝義菩提心相應。

64. 見月稱菩薩《入中論自釋》。

65. 見薩迦法王於二〇〇九年開示薩迦班智達《牟尼密意顯明

論》講稿。

66. 《入菩薩行・不放逸品・頌八》。

67. 前文頌四。

68. 《入菩薩行・菩提心功德品・頌十二》。

69. 前文註18。

70. 《入菩薩行・菩提心功德品・頌十七》。

71. 見法爾出版社《入中論善顯密意疏》頁五十九。

72. 對應十地的十種波羅蜜多，如《辨中邊論・辨無上乘品・頌七》云：「十波羅蜜多，謂施戒安忍，精進定般若，方便願力智。」

73. 《入菩薩行・菩提心功德品・頌十五》。

應用思考問題

1. 為甚麼說「惟願自他皆得無上菩提」這種意志作用，是菩提心的自體？又，意志作用可因成業深淺而分審慮思、決定思和動發思；這和願、行菩提心有何關聯？何者是堅定不移的菩提心自體？試分別說明。
2. 發菩提心有四種相，並包括三種功德和二種對境，試依頌一說明。
3. 大乘修行由凡夫至成佛有五個階段，所謂五位：資糧位、加行位、見道位、修道位和究竟佛位。若依這五位分類，則有四種菩提心；試依頌二說明。
4. 何謂勝義菩提心？為何說地前菩薩（資糧位、加行位）只是發了世俗菩提心，而見道後的地上菩薩始能有勝義菩提心？在信行發心、淨依發心、報得發心和無障四種發心中，何者發世俗菩提心？何者發勝義菩提心？
5. 發菩提心是大乘修行人發起惟願自他皆能成就無上菩提。但佛已獲無上菩提，為何仍有發心？
6. 何謂五巧方便？何謂十自在？它們與發菩提心有何關係？請依本論〈教授品〉和《入中論講義》、《攝大乘論・果斷分》分別說明。
7. 何謂大悲心？它與菩提心有何關係？菩薩要到甚麼階位才生起無緣大悲與勝義菩提心？
8. 頌四中提到「受障」，意即修行人退失菩提心，為何修行人會退失菩提心？我們又如何作出防範呢？

9. 發菩提心與一般世間善行有何不同？為何頌五說發菩提心可以無限地增長善業功德？

10. 龍欽心髓傳人米滂仁波切在《勝乘甘露喜筵》中繼承世親菩薩弟子安慧論師（510-570）的觀點，並以佛在《能斷金剛般若波羅蜜多經》的四種意樂來發心，才達到發菩提心的自性，所謂福慧圓滿，悲智交融。試依頌五分別說明。

11. 依《十地經》說法：極喜等十地為十種勝義菩提心，皆以完成每地的波羅蜜多為功德圓滿，「及以地地滿」。試按頌六依次列明各地地道功德，並解釋勝義菩提心、無漏智、大悲心和地之關係。

12. 彌勒菩薩從十一個角度解釋菩提心，並囑付讀者「隨次解應知」。試依頌三至頌六略解菩提心這十一種基本意義。

13. 何謂世俗菩提心？它由哪四種力量生起？四種力量中何者是堅固，何者並不堅固，試依頌七說明。

《大乘莊嚴經論》第8講

《般若經》提到的發菩提心法門，就像北斗星爲修行人在渡過浩瀚黑暗的生死苦海上，提供終極的導航作用。誠如西藏大譯師仁欽桑波（958-1055）向阿底峽尊者請教，用甚麼來連貫眾多佛典提及不同法門的各種義理時，阿底峽尊者斬釘截鐵的說：「菩提心！」「珍寶菩提心，未生者願生，已生願不退，日日其增上！」歷來老一輩的修行人也就是這樣叮嚀新一代的學佛者。假使有修行人經善知識開示導引，以意識及同起的思心所，經審慮、抉擇和動發三個步驟；然後發動身語意三門如是願、如是行：「願自他一切眾生皆得無上菩提！」這人便發了世俗菩提心；他的大乘成佛種性便得甦醒。另一方面，他的大悲心含藏慈悲喜捨這四種善心的天性便孕育，並發展出自他平等心；再配合聞思經教；勤修止觀；得身心輕安後次第得四禪；並通過修空觀將能所二執損之又損，由此修行人自初發世俗菩提心，再經歷一大阿僧祇劫修行，傳說是四十三億二千萬乘以十的壹百零四次方年，便得見佛法身。進入見道位時，無漏智便初起現行，大悲心這時因無緣大悲而生起自他平等心，世俗菩提心亦轉變成勝義菩提心，再經二大阿僧祇劫不斷積聚無量福德資糧，由初地至七地的淨依菩提心，三淨地的報得菩提心，到佛地的無障菩提心；修行人便得無上菩提。換言之，凡夫由本性住種性甦醒，初發世俗菩提心，整條修行成佛之路，就是自己菩提心成長之路。但如何培養這顆珍貴菩提心呢？佛在《能斷金剛般若波羅蜜多經》答覆善現長老請教「云何修行」這問題時說：「善現啊，面對著一切有情和無上菩提；應知一切因緣和合法皆如星、翳、燈、幻、露、泡、夢、電、雲；都由自己虛妄的心心所顯現；所以修行人應不執著任何世俗事物而修行六種波羅蜜多。」「菩薩摩訶薩不住於事應行布施，都無所住應行布施，不住於色應行布施，不住聲、香、味、觸、法應行布施。」

今堂，頌八至頌十四都是講述勝義菩提心。我覺得這七頌對修行人很重要，尤其是對希望能即身見佛的同道來說，這七頌確是彌勒菩薩教我們如何見道的彌珍教言。修行人發世俗菩提心後，經一個阿僧祇劫積集相當程度的福慧資糧，直至親見佛法身見道；生起遠離能所二取的無分別智，這時修行人的發心就是勝義菩提心。「親近正遍知，善集福智聚，於法無分別，最上眞智生」。這時行者的大悲心於見道時因爲無緣大悲，生起自他平等心；得法平等、眾生平等、所作平等和佛體平等；「諸法及眾生，所作及佛體；於此四平等，故得歡喜勝」。這四種平等令勝義菩提心較諸梵天帝釋，甚至四果賢聖所得的喜樂更殊勝。彌勒菩薩將這種歡喜殊勝細分成出生勝、廣大願勝、勇猛歡喜勝、以無上菩提爲所依勝、通達如何層層在十地勝進的善巧勝和以無分別智圓滿十地功德的出離勝。「生位及願位，亦猛亦淨依，餘巧及餘出，六勝復如是」。我們要特別留意世親菩薩在此處解釋「餘出」時提出的無分別智和地分別智，亦即後得智，以及這兩種智的活動狀況和在每一個修行階段中所產生的斷證功德。據云，十地菩薩不能同時生起這兩種智，而只有佛才有這能耐。爲了讓我們能更具體了解世俗菩提心和勝義菩提心在大乘五道中的 活動狀況，彌勒菩薩接著以二十二種東西爲喻，下品資糧道發心如大地，中品資糧道發心如淨金，上品資糧道發心如初月，加行道發心如猛火；這四類只在凡夫發心中有的發心，屬世俗菩提心；其他十八種都是相應勝義菩提心的譬喻，其中具六度的勝義菩提心分別以寶藏、寶篋、大海、金剛、山王和藥王爲喻；具四無量心的發心如大善知識，具六神通的發心如如意珠，具四攝的發心如盛日。這些譬喻除了突顯出每種發心的特性外，彌勒菩薩還重點提示我們：當我們的大乘成佛種子甦醒後，生命的每一刻都離不開持守菩提心。

世親菩薩說：「已說世俗發心，次說第一勝義發心。」

八　親近正遍知，善集福智聚；
於法無分別，最上真智生。

當修行人經一個阿僧祇劫善巧地積集足夠的福慧資糧；親見法身真如；生起於一切法遠離能取、所取的無漏無分別智，這就是勝義菩提心。

世親菩薩稱勝義菩提心爲歡喜地；「此發心名歡喜地」。很明顯，前述世俗菩提心是資糧或加行位未見道時，透過聞思和有漏的修慧，從他人如善知識處所獲得；而勝義菩提心則是自證的，並必須是見道後十地菩薩的發心。此外，「正遍知」是指法身佛，亦即是眞如，如《能斷金剛般若波羅蜜多經》說：「應觀佛法性，即導師法身。法性非所識，故彼不能了。」換言之，凡夫執著形相，例如能執的我、所執的五蘊身；於是不能識別離相的眞如法性。這亦即不能見法身，未見法身便不能見道；未見道者的發心就不是勝義菩提心。

質疑：爲甚麼初發勝義菩提心時名叫「歡喜地」呢？

解惑：由於菩薩見道時生起無漏無分別智，於諸法證得四種平等性。由於這四種平等心的境界，比世間梵天帝釋、出世間四果賢聖證果時所得的歡喜，更加歡喜；故稱「歡喜地」。

九　諸法及眾生，所作及佛體，
於此四平等，故得歡喜勝。

對於蘊界處諸法、一切有情、利益有情和無上佛果，當心證得平等性時，所得的歡喜比世間梵天帝釋和二乘更殊勝。

世親菩薩解釋說：「四平等者：一法平等，由通達法無我故；二眾生平等，由至（證）得自他平等故；三所作平等，由令他盡苦如自盡苦故；四佛體平等，由法界與我無別，決定能通達故。」意思是說：由於證得五蘊身自性空，十二處十八界同樣自性空；這樣通達法無我；獲得心平等性，就是法平等。對待其他有情跟自己一樣；他是如此，我亦如此；這就是自他平等。由於發願斷除一切有情的痛苦，所以將自己與一切有情視爲一體，並一齊達到盡苦的境界，這就是所作平等。由於了知自己與佛一樣，大家的本體同是眞如，不可分割，自己距離佛地不遠；這就是佛體平等。由於這四種原因，所以菩薩見道發勝義菩提心，得殊勝歡喜。（註釋74）

以上說明發勝義菩提心是極殊勝歡喜，但爲甚麼它比世間梵天帝釋及二乘得果還殊勝歡喜呢？

十　生位及願位，亦猛亦淨依，
餘巧及餘出，六勝復如是。

大乘勝義發心得到的歡喜比二乘得果歡喜更殊勝的原因有六點：出生勝、廣大願勝、勇猛歡喜勝、以無上菩提為所依勝、通達如何層層勝進十地善巧勝和以無分別智圓滿十地功德而出離勝，故得殊勝。

彌勒菩薩接著以四頌來詳細解釋勝義菩提心的六殊勝歡喜。由於唐譯本由頌十一至頌十四的頌文有些一句一頌，有些二句一頌或三句一頌，不如平常的四句一頌，現依英譯梵文版分頌。

十一　生勝由四義；

勝義菩提心生位勝有四種意義：一、種子勝：信解大乘教法是勝義菩提心的種子。二、生母勝：現觀一切法空時斷能所二取，生起勝義菩提心，故以般若波羅蜜多為生母。三、勝義菩提心從靜慮安樂胎藏中孕育出來。四、大悲心是能守護勝義菩提心的乳母。由這四種意義，得勝義菩提心比二乘得果更歡喜。

唐譯本頌文沒有詳細說明生位勝的四種意義，而世親菩薩在《論釋》中卻有補充說明：「生勝由四義者：一種子勝：信大乘法爲種子故。二生母勝：般若波羅蜜爲生母故。三胎藏勝：大禪定樂爲胎藏故。四乳母勝：大悲長養爲乳母故。」

十二　願大有十種，勇猛恆不退；

菩薩為自他二利，行十大願；這就是勝義菩提心願位較二乘歡喜殊勝的原因。菩薩於三大阿僧祇劫行種種難行，而且勇猛不退轉，這就是勝義菩提心的勇猛位較二乘得果殊勝。

世親菩薩在《論釋》說：「十大願如《十地經》說。」根據《十地經論（註釋75）‧初歡喜地‧卷三》記載，十大願是：一、於無量諸佛廣修供養，二、護持一切聖教正法，三、隨類現形分身無數，四、往詣無量剎土，五、圓滿波羅蜜多，六、成熟有情相續，七、修煉清淨剎土，八、與聖者菩薩的境界相應而安住，九、一切言行皆作饒益，十、獲得大菩提果。為了提升菩薩十大願威力，當發起十願中每一願王時，均有數十萬之臣願伴起，而能在有形無形無盡邊際十種世界幻化遊舞。

十三　淨依二利生，巧便進餘地；

菩薩喜得勝義菩提心，除了自知修行已接近無上菩提外，亦知道如何導引他人獲得無上菩提的方法；這就是淨依勝。此外，菩薩登歡喜地得第一勝義菩提心後，更能知道如何善巧地於餘下九地節節勝進；這就是餘巧勝。

世親菩薩說：「淨依二利生者，一知自近菩提，二知利他方便故。巧便進餘地者，得趣上地方便故。」意思是說：菩薩得第一勝義菩提心時，已知自己接近佛地，因而內心歡喜；並以道相智（註釋76）導引其他人證得佛果；這就是淨依勝。此外，菩薩於初地時，能善巧地了解二地至十地的地道功德及如何趣入二地至十地的方法；這就是餘巧勝。

十四　出離善思惟；如此六道理，
次第成六勝。

當菩薩離開初地進入二地時，祂依真如修止觀作意，觀察初地中布施波羅蜜多的名言安立和它的程度界限；接著進入無分別智，之後，離開初地，進入二地。從生、願、勇猛、淨依、餘巧和餘出這六點，知道獲勝義菩提心比二乘得果歡喜殊勝。

世親菩薩在《論釋》說：「出離善思惟者，思惟住諸地中所建立法故。問云何思惟？答：如所建立分齊、分別知故，以是分別亦知無分別故。」唯識瑜伽士認爲；由初地至十地，每地各有二智；第一是無分別智，第二是地建立智。所謂地建立智，亦即能抉擇諸法的後得智。菩薩在根本定時，於刹那刹那得爾所法，而不分別；是名無分別智。菩薩出定後，分別觀進入根本定期間所得法，如是如是到了甚麼的一個程度界限分齊，是名地建立智。如此二智，十地菩薩無法同時生起；例如在根本定時，只有無分別智現起，後得智不能現起。而後得智有尋有伺，故此後得智現起時，無分別智不能現起。（註釋77）

戊三 發心之二十二種譬喻

十五　如地如淨金，如月如增火，

> 資糧道有三種發心：下品如地、中品如淨金和上品如初月；加行道的發心如猛火。

彌勒菩薩以二十二種東西來譬喻菩薩在大乘五道發心的狀況。在解釋這頌時，我覺得法尊法師在《現觀莊嚴論略釋》有關部份所言較全面和令人滿意（註釋78）。

「謂與助伴欲相應之發心，是一切白法之所依處，猶如大地。」法尊法師認爲修行人在下品資糧位發世俗菩提心時，與意識相應的心所是別境心所中的欲心所，這和先前所說「思心所」沒有太大矛盾。正如無著菩薩在《金剛般若論》云：「彼應住者，謂欲、願故。」；「於中，欲者，正求也；願者，爲所求故作心思念也。」（註釋79）很明顯，無著菩薩認爲發菩提心時所起意識先有欲心所相應，接著思心所役心作業。

「意樂相應者，乃至菩提而不改變，猶如純金。增上意樂相應者，能增長四念住等一切善法，猶如初月。」中級資糧位的修行人的菩提心就如純金，由純金所造的金器，可能有刮花或破損，但仍不失純金的價值；同樣，修行人縱然遇上逆境，但只要保著彌足珍貴的菩提心不退失，就不會斷送修行道上錦繡前途。高階資糧位的修行人如初一的彎月，但隨著增長廣修四念處、四正斷的功德，最終便會如十五的月亮般越來越圓。

「與修三智隨順加行相應者，能燒障礙三智之柴，猶如猛火。」所謂三智是指三種無漏智，分別是聲聞的一切智、菩薩的道相智和佛的一切相智。彌勒菩薩以猛火來比喻加行道地前菩薩的菩提心；修行人在加行位加功精進修行，當掃除障礙後，生起無漏智時，就能見道。

如地、金、月、火這四種發心都只在凡夫相續中而有。接著是對見道至佛地勝義菩提心的譬喻，首先是和六度有關的發心譬喻。

十六　如藏如寶篋，如海如金剛，
如山；

具布施度的發心如寶藏；具持戒度的發心如寶篋；具安忍度的發心如大海，具精進度的發心如金剛；具靜慮度的發心如山王；

接著是見道後對勝義菩提心的譬喻。世親菩薩在《論釋》說：「譬如大寶藏，檀（施）波羅蜜相應發心亦如是，以財周給亦無盡故。譬如寶篋，尸（戒）波羅蜜相應發心亦如是，功德法寶從彼生故。譬如大海，羼提（安忍）波羅蜜相應發心亦如是，諸來違逆心不動故。譬如金剛，毘黎耶（精進）波羅蜜相應發心亦如是，勇猛堅牢不可壞故。譬如山王，禪波羅蜜相應發心亦如是，物無能動以不亂故。」

十七　如藥王；如友如如意；
如日；

具般若度的發心如藥王；具四無量心的發心如大善

知識；具六神通的發心如如意珠，具四攝的發心如同盛日。

世親菩薩解釋說：「譬如藥王，般若波羅蜜相應發心亦如是，惑智二病此能破故。譬如善友，四無量相應發心亦如是，一切時中不捨眾生故。譬如如意珠，六神通相應發心亦如是，隨所欲現能成就故。譬如盛日，四攝相應發心亦如是，如日熟谷成熟眾生故。」意思是說：具般若度的發心如藥王般，能根治障礙無漏智生起的煩惱障和所知障。具慈悲喜捨四無量心的發心如同大善知識，在任何情況下都不忽略及捨棄一切有情；具六神通（註釋80）的發心如同如意珠，能令眾生滿願；具布施、愛語、利行和同事四攝的發心如同太陽，能成熟眾生如同令莊稼完全成熟。

註釋

74. 彌勒菩薩認為勝義菩提心、根本無分別智、後得智和平等心都是見道的境界。

75. 世親菩薩為解釋《華嚴經・十地品》而造，由北魏菩提流支漢譯。

76. 無漏智的一種。菩薩見道後知道如何修行趣向佛果的智慧；除道相智外，二乘的無漏智稱一切智，佛的無漏智稱一切相智。

77. 本論〈隨修品〉云：「見道所滅惑，應知一切盡。隨次修餘地，為斷智障故。應知諸地中，無分別建立，次第無間起，如是說隨行！」每一地都有很多煩惱，菩薩每斷一種煩惱時，先以無分別智斷除煩惱，稱無間道；然後進入解脫道，以後得智知道並確立功德的程度界限；再進入勝進道，開始斷除下一個煩惱。

78. 法尊法師在《現觀莊嚴論略釋》有關釋文部份，是根據宗喀巴與札迦上師教言而來，見大千出版社版本頁三。

79. 此中欲，是欲心所；願是思心所；見《金剛般若論・發起行相》。

80. 依法尊法師《現觀莊嚴論略釋》頁十七的解釋，六神通分別是「能轉變種種事之神變通，能現知世界粗細諸聲之天耳通，能知他善惡等心之他心通，能知往昔受生之宿住隨念通，能知世界粗細諸色之天眼通，永斷煩惱障之漏盡通」。

應用思考問題

1. 根據彌勒菩薩的說法，勝義菩提心是見道後十地菩薩的發心。而它的特點是伴有遠離能所二取的無分別智。試依頌八說明勝義菩提心生起的條件。
2. 勝義菩提心一旦生起，大乘修行人就被稱為登歡喜地菩薩，意思是比世間梵天帝釋所得的人天樂報，以及出世間四果賢聖更加歡喜，而這種殊勝的喜悅是來自菩提心的根本大悲心，體證四種大悲平等性。試依頌九說明。
3. 彌勒菩薩提出大乘勝義菩提心有六點比二乘得果時歡喜殊勝；試依頌十略言大概。
4. 唐譯本沒有提及勝義菩提心的四種生勝，試依世親菩薩《論釋》說明及詳解。
5. 唐譯本亦沒有具體列明勝義菩提心的十種願勝，世親菩薩在《論釋》中提到這十種勝願與《十地經論》所說相同，試依世親菩薩的著作《十地經論・初歡喜地・卷三》所述說明及詳釋。
6. 試依頌十三說明勝義菩提心的淨依和餘巧勝。
7. 在提及勝義菩提心餘出殊勝中，世親菩薩提及根本無分別智和後得智，這兩種在修行時獲得斷證功德，從下地勝進上地時起著重要的作用；試依本論〈隨修品〉說明。
8. 試依頌十四解釋勝義菩提心「餘出」殊勝。
9. 彌勒菩薩以如地、金、月、火這四種東西來形容凡夫在資糧和加行位所發世俗菩提心的狀況，請依頌十五及法尊法師在《現觀莊嚴論略釋・一切相智品第二》有關解釋說明。

10. 彌勒菩薩以如寶藏、寶篋、海、金剛、山王和藥王這六種東西來譬喻具六度的勝義菩提心，試依世親菩薩所說詳解之。

11. 何謂四無量、六神通、四攝事？為何彌勒菩薩以大善知識、如意珠和日來形容這三種發心？

12. 試分別說明菩薩見道登地時，大悲心、菩提心和無二慧之轉變。

《大乘莊嚴經論》第9講

上堂提到當我們一旦皈依大乘，本性住成佛種子便甦醒，並且得到善知識正確開示導引，以意識及同起的思心所，經審慮、抉擇和動發三個階段，然後在身語意三門如是願、如是行：「願自他一切眾生皆得無上菩提！」此時便發了世俗菩提心。「友力及因力，根力亦聞力；四力總二發，不堅及以堅」。彌勒菩薩抉擇出皈依大乘的殊勝後，為了導引二乘弟子迴小向大，於是繼〈皈依品〉後，詮講〈種性品〉。修行人發世俗菩提心後，經一個阿僧祇劫積集相當程度的福慧資糧，直至親見佛法身見道；生起遠離能所二取的無分別智，這時修行人的發心就是勝義菩提心。「親近正遍知，善集福智聚，於法無分別，最上眞智生」。這時行者的大悲心於見道時因為無緣大悲，生起自他平等心；得法平等、眾生平等、所作平等和佛體平等；「諸法及眾生，所作及佛體；於此四平等，故得歡喜勝」。這四種平等令勝義菩提心較諸梵天帝釋，甚至四果賢聖所得的喜樂更殊勝。彌勒菩薩以二十二種東西來譬喻菩薩在大乘五道發心的狀況。

今堂，彌勒菩薩爲了讓我們更能具體地了解世俗和勝義菩提心在大乘五道中的活動狀況，祂以二十二種東西爲喻，除了突顯出菩薩十地五道每階段發心的特性外，還告訴我們：當行者的大乘成佛種子甦醒後，生命中的每一刻都離不開持守菩提心。大乘菩薩修行經歷資糧、加行、見道、修道和究竟五位；在資糧和加行位稱爲地前菩薩，資歷較淺，福慧俱薄，其發心屬世俗菩提心。因應根性的深淺，下品資糧位發心如大地，中品發心如淨金，上品發心如初月；修行人在加行位的發心活動就如猛火，盡燒障礙無漏智生起之柴薪。「如地如淨金，如月如增火」。到見道位時，隨著無漏智、無緣大悲的自他平等心生起，這時修行人的發心屬勝義菩提心；另一方面，這時亦稱爲地上菩薩，開始十地修行。由初地至第六地，菩薩的勝義菩提心中的六度功德輾轉增勝；例如初地具布施度的勝義菩提心就以寶藏作譬喻，二地具持戒度的勝義菩提心以寶篋，三地具安忍度以大海，四地具精進度以金剛，五地具靜慮度以山王，六地具般若度的勝義菩提心以藥王作譬喻。

「如藏如寶篋，如海如金剛，如山如藥王」。接著述說第七地至第十地勝義菩提心的特性，世親菩薩在《論釋》中有特別的說法：以大善知識作譬喻，第七地具四無量心於勝義菩提心中增勝；以如意珠作譬喻，第八地勝義菩提心六神通增勝；九地以盛日形容四攝，於勝義菩提心中力度增勝。「如友如如意，如日」。到第十地就分別以美樂、國王、庫倉、王道、車乘、湧泉六種東西，來形容此刻作為法王子的勝義菩提心中四無礙辨解、四依法、福慧資糧、三十七菩提分法、止觀雙運和陀羅尼這六種在教化眾生時不可或缺的方便善巧成熟增上的情形。「如美樂，如王如庫倉，如道如車乘，如泉」。到了佛地，為了利益一切眾生，待眾生福業亦成熟了，佛會示現成道和涅槃。這時在佛位中以喜聲來形容與四法印相應的勝義菩提心，以河流來形容與清淨自性相應的勝義菩提心；以大雲來形容眾生以喜悅之心來迎接佛藉著示現八相成道所降下的甘霖法雨。「如喜聲，如流亦如雲，發心譬如是」。彌勒菩薩繼續以八頌來讚歎勝義菩提心的功德。例如頌二十七說明了具勝義菩提心的菩薩在行持利他事業，一向都是積極和主動，甚至若是要經別人勸勉才懂得去做的話，內心便覺得羞愧；「大悲恆在意，他苦為自苦；自然作所作，待勸深慚羞」。又提到勝義菩提心能保護自他免受煩惱的損害。「愛他過自愛，忘己利眾生！不為自憎他，豈作不善業？」彌勒菩薩強調，具勝義菩提心的修行人不會因怖畏而退轉；而是由大悲心的緣故，希望令有情從惡趣解脫出來，即使要投生惡趣，也不會害怕。「極勤利眾生，大悲爲性故，無間如樂處，豈怖諸有苦！」

十八　如美樂，如王如庫倉；如道。

具有四無礙辨解的發心如乾闥婆動聽的音樂；具有四依止的發心如國王的政令；具有福慧資糧的發心如同庫倉；具有三十七菩提分法的發心如眾人必經的大道。

如果依菩薩道地的不同來劃分，前面頌十六、十七是以初地發心如寶藏，二地發心如寶篋，三地發心如大海，四地發心如金剛，五地發心如山王，六地發心如藥王，七地發心如善友，八地發心如如意珠，九地發心如盛日等爲譬喻。第十地則以六種發心爲譬喻：如美樂、如王、如庫倉、如道、如車乘和如泉；最後，佛地則有三種譬喻：如喜聲、如流水和如雲。

另一方面，依世親菩薩以唯識瑜伽士觀點作解釋，以天龍八部中樂神乾闥婆所演奏的美樂，來譬喻第十地菩薩第一種發心：「譬如美樂，四無礙辨相應發心亦如是，說法教化攝眾生故。」根據唯識宗的說法：第九地菩薩因斷除障礙四無礙辨的「利他中不欲行障」（註釋81），到第十地時，菩薩便具四無礙辨的（註釋82）如妙聲發心。世親菩薩又說：「譬如國王，量相應發心亦如是，能爲正道不壞因故。」這個「量」是指衡量利害的意思。菩薩有四依法來衡量修行上的對與錯：依法不依人，依義不依語，依智不依識，依了義經不依不了義經；菩薩若能依法、依義、依智、依了義經修行的話，便是走對了，造作不失壞因；相反便走錯了，變成失壞因。同樣，國王施行仁政，愛民如子的話，就是做對了，造作不失壞因；相反，施行暴政的話，便變成做錯了，造作失壞因。接著，世親菩薩以庫倉譬喻第十地菩薩第三種發心；「譬如庫倉，聚相應發心亦如是；福智法財之所聚故」。聚指福慧兩種資糧，第十地菩薩已然積聚無量福慧資糧。而第十地菩薩第四種發心則以王路爲喻，王路即主幹大道；「譬如王路，覺分相應發心亦如是；大聖先行餘隨行故」。覺分指三十七菩提分法；往昔賢聖因修行三十七菩提分法而得證無上菩提，我們後輩追隨者亦會因修持這些覺分而得佛果，就好像國土之內不分君臣士民，都會走在城中大道一樣。

十九　如車乘，如泉如喜聲，
如流。

你亦要知道具止觀的發心如車乘，具陀羅尼的發心如湧泉，具四法印的發心如喜聲；具有唯一共道的發心如河流。

第十地菩薩第五種發心以車乘作譬喻；「譬如車乘，止觀相應發心亦如是，二輪具足安樂法故」。第十地菩薩的止是根本智，觀是後得智；只有佛或第十地菩薩才有二智並起的能力，說法利生。換言之，第十地菩薩透過止觀雙運，就好像車乘運載乘客到目的地一樣；可以承載眾生到涅槃地。第十地菩薩第六種發心是以湧泉作譬喻。「譬如湧泉，總持相應發心亦如是，聞者雖多法無盡故」。就好像湧泉泉水舀之不盡，第十地菩薩具總持發心，能以陀羅尼總一切法持一切義；在弘法利生時辯才無礙，開演妙法。

喜聲、河流和接著一頌提到的大雲，都是佛地的發心。世親菩薩云：「譬如喜聲，法印相應發心亦如是，求解脫者所樂聞故。」法印，指四法印；亦譯作四種集施頌；所謂集合諸法，施諸眾生的意思。四法印是諸行無常，諸法無我，涅槃寂靜和有漏皆苦。求解脫的眾生聽聞佛這四句集施頌後，仿如得到帶來喜訊的說話一樣。「譬如河流，自性相應發心亦如是，無生忍道自然而流不作意故」。所謂自性是指本自清淨的自性涅槃，佛斷煩惱障、所知障後，知諸法本自清淨無生無滅，遠離一切造作戲論；就如河流涓涓流逝，任運自然。

二十　亦如雲，發心譬如是。

> 佛用種種方便善巧教化身邊的佛子，祂這時的發心如雲一樣。這顆滿載福善的心靈，應以喜悅來迎接它。如是已說二十二種發心譬喻。

世親菩薩說：「譬如大雲能成世界；方便相應發心亦如是，示現八相成道化眾生故。」就好像大雲普降雨水滋潤莊稼，使大地萬物繁衍；釋尊從兜率天降生，示現八相成道，都是希望一切眾生離苦得樂。

戊四 讚歎發心之功德

二十一　思利及得方，解義亦證實；
如是四時樂；趣寂則便捨。

缺乏珍寶菩提心的修行人，縱然得入寂滅；卻不能得到因思惟利益他人、得到利他方便、了解佛密意和證入法無我這四種快樂。

這一頌是彌勒菩薩呵責不發菩提心的二乘修行人；若捨棄眾生，縱入涅槃，也會失去四種安樂。這四種快樂是一、思利樂：思惟利他時所得的安樂；二、得方樂：想到利他的方法時所得的安樂；三、解義樂：了解佛的密義時所得到的安樂；四、證實樂：證悟法無我時得到的安樂。

二十二　最初發大心，善護無邊惡；
善增悲增故，樂喜苦亦喜。

當利根者一旦生起這顆勝義菩提心時，內心便立即遠離無休止的惡業；無論身處於苦境抑或樂境，內心恆時生起歡喜；而福德和大悲亦日日增長。

二十三　愛他過自愛，忘己利眾生！
不為自憎他，豈作不善業？

一旦發了勝義菩提心，便會不重視自己的身體和性命，反而是珍惜別人的身命。為了利他，無論是苦是樂，總皆全無疲厭！所以就算遭到別人的損害，他又怎會造作報復等罪惡業呢？

二十四　觀法如知幻，觀生如入苑，
若成若不成，惑苦皆無怖。

明白到諸法就如魔術師變出的幻像，便知道在每一處地方，輪迴生死就如同在花園流連一樣，無論得意如得圓滿天人樂果時，或是失意如面臨斷命苦惱事，菩薩因積聚堅固的福慧資糧而內心都不會生起怖畏；安會退失菩提心呢？

頌二十二至二十四是說明菩薩得勝義菩提心後，縱然在世間生死輪迴，但因爲福慧資糧堅固；儼如白蓮花出淤污泥而不染，濯青漣而不妖；亦不造作任何煩惱因，即使遭別人傷害，也不會報復；更從不會加害別人，只顧保護自他。更因有無分別智，知諸法如幻，生死流轉其實就好像流連花園一樣，「若成」，例如生而爲皇族、帝釋；菩薩也不「惑」，不會因此而懼怕受五欲貪執所縛。相反，「若不成」，例如菩薩遇上命難或受用衰敗痛苦，亦因具有般若波羅蜜多而不驚、不懼，無有怖畏。換言之，因勝義菩提心的關係，菩薩在生死輪迴中縱遇八風亦不退失菩提心。

接著，彌勒菩薩爲了進一步強調具勝義菩提心的菩薩發願利樂有情；雖然厭患生死輪迴，但仍樂意投生於能化度有緣之任何處所。

二十五　自嚴及自食，園地與戲喜；
如是有四事，悲者非餘乘。

菩薩具有大悲心，以自己功德例如布施、戒律、三昧、總持和般若作為莊嚴；樂於助人的心就如美食；刻意投生到何等處所是祂們喜愛的樂園；幻現神通是祂們的遊戲。這四種喜樂行誼都是二乘人所欠缺的。

二十六　極勤利眾生，大悲為性故；
無間如樂處，豈怖諸有苦。

對具足大悲心本性而又以利他為己任的人來說，就算身處阿鼻地獄都覺得這就是樂土；對這類身處凡間的利他主義者，又怎會害怕在生死輪迴中遭受到的痛苦哩！

二十七　大悲恆在意，他苦為自苦；
自然作所作，待勸深慚羞。

由於菩薩依止大悲心這位內上師，當見到別人受苦，祂會將之轉為自身的痛苦。如果要等待別人提點然後才利益有情的話，這位菩薩應感羞愧。

頌二十五至二十七是說明菩薩得勝義菩提心後，因爲有自嚴、自貪、園地、戲喜這四事而不會退失菩提心。所以世親菩薩說：「菩薩既有此四事，云何當退菩提心。」此外，菩薩在得勝義菩提心的同時，祂的大悲平等心能令祂視落入惡趣猶如登臨淨土；爲了救度墮落惡趣的如母有情，令他們解脫惡趣苦；誠如《論釋》說：「雖入阿鼻地獄如遊樂處。」所以菩薩絕不會因怖畏三惡趣的痛苦而退失菩提心。這種大悲平等心還令自己若見眾生受苦，就自然而然地因自他平等而感受到如同自己受苦一樣。

二十八　荷負眾生擔，懈怠醜非勝；
為解自他縛，精進應百倍。

世間上一些荷負安置眾生於無上菩提這重擔的出類拔萃菩薩，若不加緊腳步而緩慢地行走菩薩道的話，那確是太難看極了。為了解除自身和他人受業惑繫縛，精進程度應比二乘努力百倍。

世親菩薩在《論釋》說：「菩薩應思；若自若他有種種急縛，謂惑業生；爲解此縛應須百倍精進，過彼聲聞作所應作。」意思是說：就算唯求自利的聲聞聖眾，爲免受業惑繫縛，流轉生死苦海，亦會加快精進修行，或三世或七世而證入涅槃；何況是要荷負安置一切有情於無上菩提這重擔的菩薩，爲了急切地幫助如母有情脫離煩惱繫縛，更不應在修持菩薩道上懈怠緩慢。

註釋

81. 屬俱生所知障，能令菩薩不想利益他人，只想到利益自己；於是引生二種愚癡：「於無量名句字、無量所説法、後後慧辯陀羅尼自在愚」和「辯才自在愚」；前者障礙「法無障礙」、「義無障礙」和「辭無障礙」，後者障「辯無障礙」。總括來説，「利他中不欲行障」能障礙普遍為眾生善説教法的「四無礙辨」。

82. 四無礙辨一般稱為「四無礙解」。高階位菩薩因證入「智自在所依真如」，具有能於十方善説教法的四種自在能力，分別是：一、法無礙解自在：能於一名句字中，現一切名句字；二、義無礙解自在：能於一義中，現一切義；三、辭（音）無礙解自在：能於一音聲中，現一切音聲；四、辯無礙解自在：能應時應機，巧為辯説。

應用思考問題

1. 資糧道及加行道有四種發心譬喻及相應各別不同修行方法，能參考本論及《現觀莊嚴論》依次詳述否？
2. 修道位中，從初地到第十地各有發心譬喻，分別為寶藏、寶篋、大海、金剛、山王、藥王、善友、如意珠、盛日和美樂，能否詳析其義？
3. 第十地菩薩特別有六種發心譬喻，分別是美樂、國王、庫倉、大道、車乘和湧泉；你能依頌十八、十九說明嗎？
4. 何謂四無礙解？何謂三十七菩提分法？何謂陀羅尼、四依法、四法印？試解釋：為何它們分別與美樂、王路、湧泉、國王、喜聲有關？
5. 佛地有三種發心譬喻，分別是喜聲、河流和大雲；試依頌十九和二十解釋。
6. 彌勒菩薩讚歎持守菩提心的菩薩有思利、得方、解義和證實四種樂；相反就呵責二乘人缺乏這四種樂，試依頌二十一說明。
7. 何以見得頌二十二至二十八所讚歎的都是勝義菩提心？
8. 具有勝義菩提心的菩薩，縱遇別人損害亦不會心存報復；亦從沒有害人之心；所以勝義菩提心有保護自他的作用，試引頌二十三說明。
9. 具勝義菩提心的菩薩永不因怖畏惑苦而退失菩提心，試依頌二十四和頌二十六兩頌說明。

10. 具勝義菩提心的菩薩因有自嚴、自食、園地、戲喜這四事，再加上菩薩能發揮大悲平等心；所以縱然身處無間煉獄都彷如置身極樂佛土，因而能勇於下三惡道救度眾生。試依頌二十五及二十六說明。

11. 具勝義菩提心的菩薩在處理利他事業過程中往往積極主動，若需別人提點，則便自覺羞愧，試依頌二十七說明這種特質。

12. 為何菩薩精進程度要比二乘人努力百倍？試依頌二十八說明。

《大乘莊嚴經論》第10講

我們已將〈發心品〉讀完。菩提心是修行人的指路明燈，它除了能貫串眾多佛典提及的種種法門和義理外；當大乘成佛種子一旦甦醒，生命的每一刻都離不開持守這顆菩提心。此外，在傳承佛法時，老一輩的修行人亦會這樣叮嚀後輩：「珍寶菩提心，未生者願生，已生願不退，日日共增上！」

發心後，便要實踐菩提心，老實修行。我們稱大乘菩薩的修行爲二利修行，就是説修行人既要自利，同時亦要做到利他。彌勒菩薩首先指出每個人都希求安樂，可是卻從未明白到只有自利利他地去行善，才能爲自己帶來眞正快樂。每個人都不想受苦，可是卻怎樣也不願斷除造作惡業，毫不明白損人以利己就是痛苦的根源；世人想得到眞正的快樂，一定要效法菩薩奉行利他主義。「世間求自樂，不樂恆極苦；菩薩勤樂他，二利成上樂」。此外，彌勒菩薩提醒天人不要耽於享樂，因爲天樂本質是壞苦；帝釋轉凡間，宙王生爲奴是必會出現的事實。「有愛動而倒」。祂又提醒二乘人，不要只顧速離生死，入於寂樂而置如母有情於生死苦海而不顧，所謂「父母若受苦，求自樂可憫！」理應效法大乘人發菩提心，聽聞及實踐廣大甚深正法，安置有情於佛地；「樂滅斷煩惱，大悲求佛法」。爲了實踐利他行，菩薩要先修煉忍苦和自他平等。所謂忍苦是不與世人爲敵，不與他們爭利，對他們處處禮讓，甚至要做到「粗惡穢言我取受，願將勝利奉獻他」。「於世無怨業，利彼恆自苦；悲性自然起，是故利他勝」。其次是當菩薩修煉到自他平等，甚至自輕他重的利他心時，便會視別人比自己更重要；這時對菩薩而言，利他即是自利，二者平等無別。「他自心平等，愛則於彼勝；如是有勝想，二利何差別？」

彌勒菩薩勉勵志趣大乘的修行人：在大乘修行路上，無論是初基、高階甚至佛位的修行人，都會遇到行持二利的菩薩指導，成爲修行道上的助伴。對初基大乘修行人來說，無論是何根器，二利菩薩都會悉心教導、調伏、引領他們，爲他們解除疑難，使善根成熟；亦會教他們如理作意，透過修止觀而生起無漏智，透過神通而得解脫。「善說令歸向，令入亦令調；令成亦令住，令覺令解脫」。這些修行道上的善知識，又會指導行者如何積聚無量福慧資糧，登上初地而成爲佛家族的成員；又會指引行者地地勝進，至第八地得無生法忍而蒙佛授記，提名後補成佛；到第十地得諸佛白毫灌頂，受職成法王子；最後護送到佛地，證悟無上菩提。「集德及生家，得記並受職，至成如來智，以是利群生」。這就是二利菩薩十三種利他的事業。雖然二利菩薩廣行利他，但祂的態度既謙卑又貼心，而且有恆耐煩，貫徹始終；甚至堅持自己要與所有眾生成爲一體，要一起解脫。例如二利菩薩以無顚倒來循循善誘，以謙厚來折伏別人，不執著實有眾生被自己所救度，以善巧通達的頭腦來爲眾生講解佛理；以身作則，自己調柔三門後，教別人修止觀，引發無漏智，生起神通，積集福慧資糧。此外，二利菩薩會好事做到底，送佛送到西，令修行人登初地，然後地地勝進，登第八地蒙佛授記，十地受職，到佛地成就如來智爲止。最後，更以「無量」的精神，視無量眾生與自己成爲一體，要一起得到解脫，然後自己才入涅槃。「不倒及不高，無著亦通達，能忍及調順，遠去亦無盡；應知此八義，成就彼十三」。

已說發心，次說依此發心，隨順修行，自利利他。

第六　二利品

丁四 修行：〈二利品〉

戊一 總說二利圓滿之修行次第

一　大依及大行，大果次第說。
　　大取及大忍，大義三事成。

大乘菩薩的修行先是因為依止菩提心，故具有攝持利益無量眾生的大取；繼而由經三大阿僧祇劫修行，期間無疲厭地難行亦行，故具忍受一切苦行的大忍；最後圓滿無上菩提，乃至輪迴未空，仍廣行利他，由是成就真實大義。這三種大乘殊勝修行，非二乘人能有。

戊二 別說成辦利他之修行

己一 趣入利他之相

二　他自心平等，愛則於彼勝；
　　如是有勝想，二利何差別？

當菩薩修煉到自他平等，甚至自輕他重時，便會視別人比自己更重要；這時對菩薩而言，利他即是自利，二者平等無別。

依信而得自他平等，這修行人仍是未見道的地前菩薩；如果依智例如無漏智而得大悲平等心，便是見道菩薩；這時若見眾生心生迷亂，被煩惱痛苦緊緊繫縛的話，菩薩愛他勝己之心油然而生。誠如世親菩薩在《論釋》說：「菩薩得自他平等；或由信得，謂世俗發心時；或由智得，謂第一勝義發心時。菩薩雖有此自身心；然愛他身則勝自身。於他既有如此勝想，則不復分別何者爲自利，何者爲利他；俱無別故。」

三　於世無怨業，利彼恆自苦；
悲性自然起，是故利他勝。

具大悲心的行者為了利益有情，甘受難忍的痛苦，就算對侵損折磨自己，毫無憐憫心的俗世凡夫，大悲菩薩內心也不生怨懟；反生慈憫。

爲了利他，一定要先學會忍苦，不與世人爲敵。如世親菩薩說：「菩薩於諸世間久絕怨業，是故恆爲成就他利，自身受諸勤苦；由大悲爲體自然起故。」

己二 利他之分類

對於決定及不決定種性等各類根器的修行人，菩薩皆能以十三種利他的方法攝受導引，令他們的大乘種性得以甦醒。

四　善說令歸向，令入亦令調；
令成亦令住，令覺令解脫。

對於一切眾生而言，無論是屬下等凡夫、中等二乘人，抑或上等大乘菩薩根器；菩薩都會悉心教導他們，調伏他們，引領他們，為他們解除疑惑，令他們善根成熟，住心寂止，透過勝觀而得到智慧，最後得神通、獲得解脫。

五　集德及生家，得記並受職，
至成如來智，以是利群生。

令他們積集無量福慧資糧；令他們登初地而成為佛家

族的成員；令他們在第八地蒙佛授記；令他們在第十地接受諸佛授予一切智勝職位三昧灌頂，墮在佛數；最後令他們進入佛地，得無上菩提。這便是菩薩十三種利他事業。

頌四及頌五說明了菩薩能以十三種隨順下中上等具不同根器的凡夫、二乘和菩薩，指引他們從初學至成佛各階段的修學方法。世親菩薩解釋說：「一者善說，由隨教及記心故。」菩薩能以神通知曉凡夫個別根器，再透過言說和身行諄諄善誘。「二者令歸向，由神通力故」。對冥頑不靈的凡夫外道，菩薩會顯現神通來折伏，令他們歸順正法。「三者令入，由向已能令信受正教故」。為有信心的凡夫，授以三皈五戒，進入佛門。「四者令調，由入已斷其疑故」。經過正式皈依拜入佛門，由於他們迷疑已解，就可以向他們講解佛法義理。「五者令成，由成熟善根故」。為了學佛時穩固基礎，教他們透過修六度來成熟善根。「六者令住，由教授令心住故」。為了控制和穩定內心，教導他們修習止觀。「七者令覺，由得智慧故」。由於他們嫻熟止觀，引生無漏智。「八者令解脫，由得神通等諸勝功德故」。由於無漏智生起，除了封閉投生下三惡趣之門外，並發展出神通等殊勝功德（註釋83）。「九者集德，由遍集福智故」。由於他們已積聚無量福德智慧，所以能見佛法身，生起勝義菩提心和大悲平等心（註釋84）。「十者生家，由生佛家故」。菩薩能引導眾生積集無量福慧資糧，引生無漏智，獲勝義菩提心，登初地後，便正式決定成佛，成爲佛家族成員。「十一者得記，由八地受記故」。菩薩能導引眾生證得無生法忍，換言之，能修至第八地，可到佛前蒙佛授記（註釋85）。「十二者受職，由十地受職故」。菩薩能教眾生修至第十地入「受一切智勝職位三昧」，這時諸佛齊集，以眉間白毫放光爲之灌頂，正式接受如佛一樣弘法利生的重要任務。「十三者得如來智，入佛地故」。菩薩能令眾生證得無上菩提。

質疑：既然一切眾生皆有大乘成佛種子，佛亦說了很多深廣的大乘教法；而菩薩亦願意不畏艱辛，普度眾生；是否應對所有眾生毫無保留地宣講大乘教法，藉此成就上述十三種利他事業？

解惑：在聽者的大乘種性成佛種子尚未完全甦醒前，不應對未具根器的眾生胡亂開示大乘，否則便不屬於殊勝的二利修行。

己三 成立利他為殊勝

質疑：那麼怎樣的二利修行，才能圓滿成就上述十三種利他事業呢？

六　不倒及不高，無著亦通達，
能忍及調順，遠去亦無盡；
應知此八義，成就彼十三。

為成就利他十三種利益，菩薩應依個別有情的根器而宣說無顛倒的相應對治法；就算具神通調伏能力也不趾高氣揚，心生傲慢；祂不會執著身外另有一個由自己救度有情的想法；以及能善巧地為眾生解答疑惑；為了利他能忍苦；因能約束自己身語意三門，故能令他人調柔；對地上菩薩而言，令未登地的提升祂們達至初地，所謂好事做到底，如是層層勝進至佛地；若果尚有人在輪迴生死，菩薩會選擇留在世間，度盡苦厄。菩薩就是以這八種方式來圓滿成就上述十三種利他事業。

大乘修行人以不倒、不高、無著、通達、能忍和調順這六種態度去利益地前菩薩。例如以無顛倒來循循善誘——「善說」；以不趾高氣揚的謙厚氣度來折伏外道，令他們歸向佛——「令歸向」；不執著身外有一個由自己救度的有情的想法，來接引有情皈依三寶——「令入」；以善巧解答有情疑惑，為他們講解佛理——「令調」；以耐煩有恆的忍耐來教導有情修持六度，成熟善根——「令成」；以調柔清淨自己身語意三門來教有情修習止觀，穩定內心——「令住」；從而生起無漏智——「令覺」；獲得神通——「令解脫」；積集足夠福慧資糧，最後見道——「集德」。此外，大乘修行人以「遠去」，去利益地上菩薩，以「無盡」來利益一切有情。「遠去」是指菩薩以好事做到底，送佛送到西這種貫徹始終的精神，利益眾生，並使之修到登初地——「生家」，到第八地得無生法忍，蒙佛授記——「得記」，到第十地得諸佛白毫灌頂，履行佛位普度眾生職責——「受職」；最終得無上菩提——「成如來智」。最後，貫串上述十二種菩薩的利他精神，就是「無盡」，所謂「乃至有虛空，以及眾生住；願吾住世間，盡除眾生苦」！這種菩薩對眾生的圓滿諾言！

己四 大乘利他修行比凡夫二乘殊勝的原因

七　習欲大可畏，有愛動而倒；
樂滅斷煩惱，大悲求佛法。

欲界的眾生身陷大險境；色界和無色界的眾生面對由樂變易成苦的問題。二乘人只為除遣個人的痛苦而斷除煩惱，追求寂滅，大悲菩薩則為了令自他一切眾生盡皆離苦而修行。

八　世間求自樂，不樂恆極苦；
菩薩勤樂他，二利成上樂。

愚者永遠都只是在追求自身的快樂，他們非但得不到快樂，反而徒增種種痛苦。然而智者所做的，全都是為利益他人出發，結果自他的目的都可達成，終獲解脫。

為甚麼大乘利他修行比凡夫追求五欲樂，和二乘唯求自利追求寂樂更為殊勝呢？世親菩薩說：「習欲者，謂欲界人；大可畏者，身心苦多及向惡趣故。有愛者，謂色、無色界人；動而倒者，彼樂無常故，動行苦故倒。」凡夫處於三界火宅；三界中欲界眾生，在地獄的嚐遍寒熱之苦，做餓鬼的為飢渴所苦惱，畜生飽受食害的威脅，人生感受短命之苦；阿修羅因競勝而退損福德。色界和無色界的眾生雖有段長時間享受離欲之樂，但他們的樂是不穩定的；因為當感召天界的福報一旦耗盡，色界和無色界的仙人亦要面臨下墮的痛苦；「動行苦故倒」就是說明了三界所謂的「樂」，其本質實爲苦。古德常舉「帝釋轉凡間，宙王生爲奴」爲例，說明這種變易之苦（註釋86）。爲甚麼三界內每個眾生縱不想受苦，欲求安樂，但反而身陷痛苦的坑窪？世親菩薩這樣解釋說：「世間愚癡常求自樂，不得樂反得極苦。」三界凡夫生命滿佈癡迷錯亂，縱然不想受苦，欲求安樂；但不知要行十善才能得樂，卻顛倒地以爲透過行十惡就可以損人利己而得到快樂。最後所想和所作總皆背道而馳；終究身陷大苦聚而不能自拔。相反，菩薩以利他爲己任，不僅能達到自他二利的目標，並且獲得涅槃之樂。誠如世親菩薩所說：「菩薩不爾，常勤樂他而二利成就，更得第一大涅槃樂。」這就是菩薩行二利遠勝凡夫損人利己的原因。

此外，世親菩薩又解釋二乘人爲速斷煩惱，只求自利而一心趣向涅槃。斷煩惱求寂滅雖則無可厚非，但一般人會較易接受大悲菩薩常求一切佛法，以佛法來利益一切眾生的做法。例如薩迦三祖說：「自解脫無益，三惡道有情；父母若受苦，求自樂可憫！」事實上，老輩的修行人常教導後學：「你應當這樣告訴自己：『爲了這些可憐眾生，我要聽聞並實踐甚深正法。我要帶領曾經作過自己父母，現在仍然受盡六道輪迴痛苦折磨的一切眾生，脫

離因果業力所招感的形軀、習氣和痛苦，走向殊勝的佛位。』」（註釋87）

註釋

83. 如《入中論・究竟佛地・頌一至三》説，這時登初地菩薩有十二種神通功德：「菩薩時能見百佛，得佛加持亦能知，此時住壽經百劫，亦能證入前後際，智能入起百三昧，能動、能照百世界，神通教化百有情，復能往遊百佛土，能正思擇百法門，佛子自身現百身，一一身有百菩薩，莊嚴圍繞為眷屬。」詳見拙著《入中論講義》頁六二一和六二二。

84. 如本論〈發心品・頌八〉云：「親近正遍知，善集福智聚，於法無分別，最上真智生。」

85. 如《大般若經・第四會善友品》説：「佛告善現：『汝所不見、所不得法所有實相，即是菩薩無生法忍。若菩薩摩訶薩成就如是無生法忍，便於無上正等菩提堪得授記。』」

86. 見薩迦三祖札巴堅贊（1147-1216）著作《遠離四種執著》。

87. 見拙作《心止師教・上卷》頁二十一。

應用思考問題

1. 試依頌一總括大乘二利修行如何以大依、大行和大果來完成大取、大忍和大義。
2. 為何修持二利，必先要有自他平等之心；地前菩薩如何才有自他平等心呢？試依頌二說明。
3. 除了有自他平等心，菩薩修持二利同時必須能忍苦，不與眾生為敵，不與他們爭利。試依頌三說明。
4. 菩薩能以十三種利他善巧方便，由眾生初發心修行以至成佛；攝受導引他們。試依頌四、五說明。
5. 一般眾生剛強難化，菩薩縱有十三種善巧方便攝引，惜未能盡發揮理想效果；所以彌勒菩薩鼓勵修行人在利他時要保持八種態度，這樣才能圓滿成就十三種利他事業。試依頌六說明。
6. 菩薩如何以八種利他態度成辦十三種利他事業？試依其次第關係說明。
7. 為何菩薩的利他修行比凡夫、二乘的修行殊勝？試依頌七、八說明。
8. 三界內每個眾生縱然不想受苦，欲求安樂，甚至不惜損人利己；可是到頭來總皆身陷苦海。你能說明其原因嗎？
9. 二乘人為速得涅槃，不惜做自了漢；獨自修行，這本無可厚非；但卻為世人所不齒，試引大德所言述其原因。
10. 試綜合頌一至頌八的文義，說明自利利他完全合乎全人類福祉的想法。

《大乘莊嚴經論》第11講

上堂提到當大乘種性修行人的成佛種子甦醒，經意識和思心所發如是願：「願自他一切有情皆能成就無上菩提！」之後，便開始修煉世俗願行菩提心，積集無量福慧；奉行二利修行。二利修行有兩個特點，第一是能忍苦外，還要忍受眾生的煩惱性；第二是能透過自他平等，達到自他相換，甚至自輕他重；「他自心平等，愛則於彼勝；如是有勝想，二利何差別？於世無怨業，利彼恆自苦；悲性自然起，是故利他勝。」發菩提心和自他相換的修行是大乘教法的精髓；正如龍欽心髓的傳人頂果欽哲上師寶（1910-1991）說過：「有些人可能認爲：這些關於菩提心和自他相換的教法只屬於顯宗『漸修道』的一部份；並非如大圓滿或大手印等較高深的『頓修道』那般有效。這根本就是誤解。唯有在培養世俗菩提心與自他相換之後，勝義菩提心此大圓滿與大手印的精髓，才會於相續中生起。」

誠如〈發心品〉所講，要生起勝義菩提心，必須讓無分別智——即無漏智或般若波羅蜜多——生起，現見佛的法身；「親近正遍知，善集福智聚，於法無分別，最上眞智生」。作爲唯識瑜伽士，彌勒菩薩將佛法身稱作眞如。祂告訴修行人，攝受了世俗菩提心和自他相換這殊勝教法後，就要隨順著眞如的特性修行，冀能與之相應；將佛在《能斷金剛般若波羅蜜多經》所說：「以諸賢聖補特伽羅皆是無爲之所顯」的教言實踐出來。無爲是指眞如；顯，梵語Prabhāvita，有療癒後康復的意思；換言之，隨順著眞如特性來修行，就能療癒惑業；讓成佛種子無障礙地成熟。接著彌勒菩薩以五種無二相來闡述眞如的特性。無二相是指無分別；凡夫在現象界中爲了描述世間現象的情況而設定了很多概念，例如有無、淨染、生滅、同異、增減等；但這些相對的概念不適用於描述眞如境界。「非有亦非無，非如亦非異，非生亦非滅，非增亦非減，非淨非不淨；此五無二相，是名第一義，行者應當知」。這裡的第一義，就是以前我們所說的勝義，例如勝義諦，勝義菩提心。最簡單的說法就如寂天菩薩所說：「勝義非心境，說心是世俗。」既然眞如境界不是心、心所活動的範圍，那麼要認識眞如境界，當要之務就是先除遣世人通過心、心所活動營造出來的「我」和「法」，及建構出「實我」、「實法」的概念。於是彌勒菩薩接著勸勉修行人要遠離人我和法我的顚倒，並住於「人無我」、「法無我」的道理來行善，方能了解整個眞如境界。彌勒菩薩先以二頌說明，凡夫爲何自出娘胎便彷佛有一個實我，在支配自己的呼吸、飲食、思想、說話和一切的行爲。佛在《楞伽經》大略地說：「在現象界——蘊界處——都是離我、我所；沒有一樣東西可以叫做『我』，或等同於『我』的那麼一件實體；我們在意識中浮現出籠統的『我』，只是無知和愛業所引起，進而只是受到共積愛業的繩縛，互爲緣起，根本沒有『我』或作者。」佛並以汲水輪受水力而旋轉，死屍由咒力故行，木人因機關而運動作出鮮明的譬喻。彌勒菩薩接著進一步指出，凡夫迷執我見，執有實我；這就是「人生是苦」的眞諦；假若通達「人無我」，走出這種思想迷陣；就會因通達眞如的法性而明瞭苦滅的眞諦。「云何依我見，不見苦自性？迷苦及苦者，法性與無性」。彌勒菩薩指出：凡夫製造出迷謬的「我見」有兩個源頭，第一是遍計所執出的「我見」，例如在五蘊和合的假體上執爲實我，這實我像空中花、石女兒一樣，完全虛假。第二是「五蘊身」，「五蘊身」其實是由我們過去煩惱習氣招感，依眾緣而生滅；似有我但實無自體。二者虛假程度雖有不同，但如果要見道，令無分別智生起，證得勝義菩提心和大悲自他平等性；二者都應除遣。「我見非見我，無相非無緣，異二無我故；解脫唯迷盡」。在這裡我要強調一點，要除遣「我見」中力量最弱的「分別我見」，修行人必須要修「止」成就，進入第四禪，以世間最銳利的上品如實智；修能取、所取俱空的空觀，日積月累，將煩惱損之又損；才可除遣。修行不容易啊！

己五 二利功德迴向

九　異根於異處，異作有異行；
凡是諸所作，迴以利眾生。

菩薩無論身在何處；或行、或住、或坐、或臥；無論眼所見、耳所聽、鼻所聞、舌所嚐、身所觸、意所想；或以身、或以語、或以意所造作一切業行，普皆迴向眾生早證無上菩提。

彌勒菩薩提到凡夫跟菩薩每天生活的心態和作息都不同，凡夫爲滿足自我，爲煩惱而活，菩薩念念都爲眾生著想。「如《行清淨經》中廣說」，世親菩薩鼓勵修行人學習《華嚴經・淨行品》中文殊菩薩所舉出一佰四十一種菩薩在日常生活中面對的種種處境，善用其心；透過發願，將一切功德迴向，利益眾生。

己六 利他時要容忍眾生的煩惱性

十　眾生不自在，常作諸惡業；
忍彼增悲故，無惱亦無違。

具慧菩薩不會責怪眾生受煩惱控制所造出的錯事，反而只想到：「這些人都不希望自己會犯錯行惡！」菩薩的大悲心因而日漸增強。

世親菩薩解釋說：「眾生為煩惱所惱，心不自在，是故作諸惡業。智慧菩薩於彼常起大忍，增長大悲，是故於彼不起惱心，亦不欲作不隨順事。」眾生若未修行，內心極容易受煩惱控制而造出錯事，但這些眾生的錯誤行為並非自主和自願的。誠如寂天菩薩說：「如人不欲病，然病仍生起；如是不欲惱，煩惱強湧現。」（註釋88）如同人們雖然不希望患病，但是業力所感召的疾病仍然產生了；同樣，人們雖然不想生起煩惱，但在業緣逼迫下，煩惱仍然會湧現出來。所以二利菩薩不責怪眾生作惡業，反而憂慮眾生因作惡而受苦報。正如聖天菩薩說：「如鬼執雖瞋，醫者不生惱，能仁觀煩惱，非惑繫眾生。」又說：「如母於病兒，特別覺痛愛，如是諸菩薩，特意愍惡者。」（註釋89）好像醫生不會介懷精神失常的病人對自己喝罵一樣，佛只會視煩惱爲敵人，不會對心生煩惱的眾生起瞋恚。不只這樣，對於有病的孩子，做母親的會特別關愛，同樣，菩薩聖眾對缺乏智慧的愚劣者，也特別慈悲。就是這樣，菩薩的大悲心因而日益強大。月稱菩薩在解釋這偈頌時，特別強調說：「此非眾生過，此乃煩惱過；善察具智者，於眾不生瞋。」

戊三 顯示大乘二利修行的偉大

十一　勝出與寂靜，功德及利物；
次第依四義，說大有四種。

依從二利修行便出現四種功德：二利修行能勝出三界六道而到佛地，是為勝出大；二利修行能趣向四種涅槃中最殊勝的無住涅槃，是為寂靜大；二利修行能積集無量福慧資糧，是為功德大；二利修行能以大悲攝受一切有情，是為利物大。

大乘人因二利修行最終趣入無住涅槃；但因尚未了知

諸法眞實性，故無法證入無住涅槃。所以在修行二利，積集無量福慧資糧的同時，要時刻思惟諸法眞實義——〈眞實品〉、神通力——〈神通品〉和成辦自他善根——〈成熟品〉。彌勒菩薩以食膳譬喻這三品，要大乘修行人了解眞如離言自性，目的是爲了令思惟得法味故。這就是佛教徒不惜皓首窮經，終日追尋諸法眞實義，爲的是得「樂法樂」的緣故。

丙三 所思惟

第七　真實品

丁一 思惟所證真如：〈真實品〉

戊一 真如體相

一　非有亦非無，非如亦非異，
非生亦非滅，非增亦非減，
非淨非不淨；此五無二相，
是名第一義，行者應當知。

真如的特徵是非淨非染、非有非無、非如非異、非生非滅、非增非減。修行人應知道，這就是究竟的境界。

眞如的特徵是無分別，世俗現象界是有分別；所以世親菩薩說：「無二義是第一義。」見道的地上菩薩所見的眞如境界叫第一義；而無二義是指無分別境界。凡夫在現象界爲了描述世間現象的情況而設定很多概念，例如有無、淨染、生滅、增減等；但事實上，這些相對的概念尤其是將這些相對概念「自性化」，執爲實有，是不適用於描述眞如境界的。由於眞如的特徵不能用「有分別」的概念描述出來，佛教先賢很善巧地以「雙遣雙離」，例如非淨非染、非有非無、非如非異、非生非滅、非增非減的字眼，不作正面、明確、肯定的描述這非語言概念所行的眞如境界。誠如彌勒菩薩在前文〈發心品・頌八〉所說：「親近正遍知，善集福智聚，於法無分別，最上眞智生。」修行人只能以無分別智，才能見佛法身；所謂佛法身就是眞如。

作爲唯識瑜伽士，世親菩薩以「有即說有、無即說無」的取態，用三自性（註釋90）來分析眞如五種無二相的特徵。祂說三自性中的圓成實性是體，亦即眞如；依他起和遍計執都是體上之用。透過這三種特徵，除了明白萬法皆是唯識所變之外，亦能粗懂眞如的體相大概。世親菩薩在《論釋》說：「非有者，分別依他二相無故；非無者，眞實相有故。」唯識瑜伽士認爲諸法皆由心、心所變現，待眾緣和合而生，這就是「依他起性」，這種依他起性似有但非實有，所以是無自性；「相無」的「相」可作自性解，無實體的意思。而凡夫於「依他」之上，執著這是實我、實法；這就是遍計所執性，亦即文中所說的「分別」。就如空華和石女兒一樣，是虛構出來，同樣無自性；所以「非有者，分別依他二相無故」，說明依他起和遍計執都是非有，沒有自性。但另一方面；若於「依他」之上除遣「實我」、「實法」；換言之，通過證得「人無我」、「法無我」，便能顯示出「眞如實體」，這便是圓成實自性。所以，「非無者，眞實相有故」。說明眞如實體是眞實非虛謬的。這裡我們要留意一點：圓成實自性與依他起除了有非異非不異的密切關係外；如果不能證見圓成實自性的話，修行人就不能眞正了解諸法皆唯心、心所虛 妄變現，所謂萬法唯識的道理。（註釋91）

世親菩薩又說：「非如者，分別依他二相無一實體故；非異者，彼二種如無異體故。」遍計所執和依他起都無自性，都不是眞如實體；前者是虛構出來的東西，如空華；後者似有卻是假有。但二者與眞如卻不是絕然無關的異體。因爲我們只能透過遣除遍計所執的人我、法我而證得眞如；證眞如後才能以後得智看見作爲依他起性的現象界諸法皆是心、心所的虛妄變現。（註釋92）

「非生非滅者，無爲故」。本來沒有，現在才有，謂之生；由有變無，謂之滅。眞如爲如前論卷八引《厚嚴經》云：「非不見眞如，而能了諸行；皆如幻事等，雖有而非眞。」宇宙實體，本然存有；沒有其他東西能生它，所以不會從無而有；後時亦不會由有變無；故說非生非滅。

世親菩薩繼續說：「非增非減者；淨染二分起時滅時，法界正如是住故。」就三自性的德性來說：雜染是有漏，清淨是無漏；圓成實性是體，唯是無漏；依他起性是用，有雜染依他，例如心、心所等有漏有爲；亦有清淨依他，如四智、十力等屬無漏有爲（註釋93）。而遍計所執唯是雜染用。所謂「非增非減」，是說無論有多少凡夫生起「實我」、「實法」的執著，造作多少惡業；無論有多少修行人除遣「實我」、「實法」煩惱的執著，證得眞如；無論有多少賢聖履行菩提心，以四智十力救度眾生；在眞如實相來說，只能說功德「在聖不增，在凡不減」。實際「增減」只不過是現象界有關「數量」的假立範疇而已。

世親菩薩再說：「非淨者，自性無染不須淨故；非不淨者，客塵去故。」就眞如等同佛法身來說；佛的法身有兩種，第一種是指法爾本自清淨的法身，亦稱爲眞如或空性；第二種是斷除煩惱後獲得佛果的清淨法身。就好像明鏡鏡面本清淨，所以無需清淨；若鏡面有塵垢，則務要去除塵垢，才能回復清淨一樣；修行人要遣除實我實法，才能證得眞如。（註釋94）

戊二 抉擇真如之二無我

己一 抉擇執人我為顛倒

二　我見非見我，無相非無緣，
異二無我故；解脫唯迷盡。

我們說：這就是我了；其實眼前所見的，並沒有一個「我」的實體。事實上，所謂「我」這個相狀活動，只是習慣上的名言概念；代表那個以五蘊、煩惱習氣為緣而假立的「我」。離開對「我」的執見和五蘊身就沒有「我」的相狀活動，但我見只是遍計所執的謬見，五蘊身卻是依他起似有卻實無自性；如果我們能依五蘊身而遣除我見，就因體證圓成實性而得到解脫。

我見指薩迦耶見，於眾緣和合並且會變壞的五蘊身執為我。這種所執實我，例如靈魂是沒有對應的自體；只是隨著人們虛妄情執而來。這就是「我見非見我」的意思。但作為「我見」所依的五蘊身卻是「非無緣」；它由眾緣而生起。世親菩薩在《論釋》說：「非無緣者，煩惱習氣所起緣五受陰（蘊）故。」五蘊身唯是依眾緣，例如我們的煩惱習氣招感而生，似我但實無自性。這裡的「無相」是指「無自性」；在唐譯中的性和相是通用的。作為能取的我見和所取的五蘊，兩者的虛假程度深淺雖有不同，但虛構出「實我」這種迷謬則不出這兩種源頭。「異二無我故，解脫唯迷盡」。我們若依《能斷金剛般若波羅蜜多經》「彼菩薩摩訶薩，無我想轉，無有情想，無命者想，無士夫想，無補特伽羅想，無意生想，無摩納婆想，無作者想，無受者想轉」的教示，以能思惟的心數數作意思惟；對這些虛構的「我見」、「壞身見」損之又損；最後遮破分別我執的耽著境，所謂五蘊身非實有，非實無；能取、所取俱泯，這時無漏無分別智生起，修行人即能見道證眞如。

接著，彌勒菩薩進一步解釋，修行人若不斷除我執，就不能斷除煩惱習氣；除了恆常與痛苦相應外，更重要的是障礙作爲「解脫」的因——無漏智的生起。

三　云何依我見，不見苦自性？
迷苦及苦者，法性與無性。

若果修行人受「我見」支配的話，他將處身於顛倒迷亂而恆常感到痛苦。事實上，修行人了解到迷執「我見」隨之而有苦這個道理，他便因通達「人無我」而知道感受痛苦這個「我」根本不存在。

註釋

88. 《入菩薩行・安忍品・頌二十三》。

89. 《菩薩瑜伽行四百論・明菩薩行品・頌九及頌十一》。

90. 唯識瑜伽士將一切法之本質或本身的狀態分成三大類，分別是遍計所執自性、依他起自性和圓成實自性。遍計所執，謂能知之心對所知之境周遍計度，於無處執以為有，例如在五蘊和合的假體執為實我，這實我根本沒有自性。如《三十頌・頌二十》說：「由彼彼遍計，遍計種種物，此遍計所執，自性無所有。」依他起自性，是依有漏的心、心所作為因緣而生起，雖無自性，但有相用顯現。依他起自性與真如，即是圓成實自性，關係密切。如《三十頌・頌二十一和二十二》說：「圓成實於彼（依他），常遠離前性（遍計所執）；故此與依他，非異非不異；如無常等性，非不見此彼。」圓成實自性存在於依他起自性，並恆常遠離前面的遍計所執自性；所以圓成實自性與依他起自性的關係非同一亦非迥異；就好像無常性與諸行（現象）的關係一樣。若看不到圓成實自性，則不能正確認識依他起自性。換言之，圓成實是體，亦即真如；依他起和遍計所執是體上之用，即一切現象。

91. 如《成唯識論・卷八》說：「無分別智證真如已，後得智中方能了達依他起性如幻事等。」又說：「『我』、『法』執恆俱行故，不如實知眾緣所引自心、心所虛妄變現，猶如幻事、陽焰、夢境、鏡像、光影、谷響、水月變化所成，非有似有。」

92. 如前論卷八引《厚嚴經》云：「非不見真如，而能了諸行；皆如幻事等，雖有而非真。」

93. 要注意的是無性菩薩在玄奘法師譯《攝大乘論釋》提到：「一切法，此唯雜染。」意思是說：我們只能遣除遍計所執之實我實法；要證得圓成實性後，才能看到在現象界依他起的清淨用。

94. 如《解深密經‧一切法相品》所說：「善男子！若諸菩薩能於依他起相上如實了知無相之法，例如人無我、法無我，即能斷滅雜染相法，若能斷滅雜染相法，即能證得清淨相法。」

應用思考問題

1. 二利菩薩在在處處都以利益眾生為念，所以世親菩薩鼓勵大乘人依《行清淨經》，在日常生活中普為眾生早證無上菩提發願修行。《行清淨經》指的就是《華嚴經・淨行品》；記載了一佰四十一種大乘人如何善用其心，透過發願來利益眾生的方法。華嚴宗三祖法藏法師視同作大乘菩薩戒而每日諷誦，你能依頌九以根、處、作、行這四點來歸納這一佰四十一種梵行嗎？
2. 菩薩行持利他的大前提是能忍受眾生的煩惱性。試依頌十、《菩薩瑜伽行四百論・明菩薩行品・頌九及頌十一》和《入菩薩行・安忍品・頌二十三》説明其原因及行忍的方法。
3. 為何能忍受眾生的煩惱性，大悲心就會日漸增強？大悲心增強對於大乘行者的修行，例如見道有何幫助？
4. 大乘的二利修行比二乘自利修行殊勝，試依頌十一説明。
5. 唯識瑜伽士稱諸法實相為真如，中觀稱之為空性，《般若經》稱作佛法身；都是指究竟真實。彌勒菩薩認為初基修行人在發世俗菩提心積聚福慧資糧；奉行利他，以至尚未見道前；應恆常思惟並隨順真實；以之為修行上的規矩方圓。試重溫本論〈緣起品・頌二〉，説明彌勒菩薩以五種譬喻指導志趣修學大乘者的五個修行次第，例如如何信向、受教、所思惟、修習和證得，以及五種修行次第之間的關係；說明「所思惟」的核心〈真實品〉在本論是承前啓後，並做為樞要的章節。

6. 彌勒菩薩以五種無二相來描述真如的特徵。試分別詳述解釋。

7. 世親菩薩以三自性解釋真如的特徵；強調圓成實性是體，依他起性和遍計所執是用。圓成實性是體，與依他起例如大自然事物有著「非一非異」的密切關係；又與「遍計執」有著明鏡與塵垢的關係。「此遍計所執，自性無所有」，「後由遠離前，所執法、我性」。我執、法執雖然可以一時蒙蔽我們本自清淨的真如本性（心性）；但畢竟真如恆常遠離由遍計執的雜染。試依《唯識三十頌・頌二十至二十二》有關三自性的義理，以白話解釋〈真實品〉頌一。

8. 彌勒菩薩強調：要親見真如法性，一定要去除我執、法執；通達人無我、法無我的道理。依《楞伽經・集一切法品第二之二》所說：蘊界處都是離我、我所；只是無明和愛業所生起，進而受共積愛業所繩縛，互為緣起，根本沒有我或作者；更以汲水輪受水力而旋轉，如死屍由咒力故行，亦如木人由機關而運動作譬喻。「我」的現象僅是如此；你能在頌二和頌三找到支持的說法嗎？

9. 彌勒菩薩指出，製造出迷謬的實我有兩種源頭，第一是遍計所執出的「我見」，例如在五蘊和合的假體執為實我；

這實我就像空華、石女兒一樣，完全虛假。第二是「五蘊身」，這是由我們過去煩惱習氣招感，依眾緣而生起，似我但實無自性。二者虛假程度雖有不同，但如果要見道，令無分別智生起，都應除遣執著。前者所謂「我見非見我」；後者所謂「無相非無緣」。除遣二者執著後，「解脫唯迷盡」。試依頌二內容，以三自性為中心，詳解唯識宗提出的解脫論。

10. 迷執「我見」，執有實我；是人生苦的根源；更重要的是，有我執就障礙著無分別智的生起，不能解脫。試依頌十說明「迷執我見」和「通達人無我」之間的分別及後果。

《大乘莊嚴經論》第12講

彌勒菩薩在《大乘莊嚴經論》一開始就以八個原因提醒弟子，「不記亦同行，不行亦成就，體非體能治，文異八因成。」奉持佛祖在大乘經的修行方法，就會「速窮功德海」，就好像諸佛一樣圓滿成就無上菩提，得大涅槃和大菩提。爲甚麼大乘經有如此不可思議功德呢？因爲文佛在圓滿無上菩提後，以無漏有分別後得智，三次轉動法輪，佛教先賢們亦窮畢生精力，結集出多部大乘經典，例如《大般若經》、《解深密經》、《華嚴經》；這些經典都不約而同教人喚醒本有的成佛種子，開發世俗菩提心，培育大悲自他平等心；當福德智慧資糧成熟，諸佛就在廣大虛空「如日破幽闇」一樣，以大菩提的無漏智相應心品——我們所謂的五種本智——直指內心本性；修行人無漏無分別智的種子成熟，以有漏意識作等無間緣；當下令無漏意識起現行，行者直接以見分觸及無所得、無相的眞如法身，成熟般若波羅蜜多，亦即無漏無分別智；再配合以前修習慈悲喜捨四無量心的功德，修煉到自他平等、自他相換、自輕他重的大悲平等心；此時的世俗菩提心轉成勝義菩提心，從此登入極喜地；接著地地勝進，到第十地最後心識活動金剛喻定無間道時，永斷俱生煩惱障和所知障的現行、種子；到解脱道時，永捨二障習氣；由斷「煩惱障」顯得「自性清淨法界」，我們稱之爲「本淨明體」──情器世界共依的眞如；由斷「所知障」轉「有漏八識」而生起以般若波羅蜜多爲體的「大圓鏡智相應心品」、「平等性智相應心品」、「妙觀察智相應心品」和「成所作智相應心品」爲用的菩提四智；在四智再加上「法界體性智」，亦即我們所説的五種本智；就這層面來説，瑜伽行和大圓滿在解脱論是一致的。不同之處，只是我們宣稱正如芝麻必具芝麻油；眾生的心性早已現前具足「自性清淨法界」、「菩提四智」；只要我們深信空性教法和般若法門，放下一切依戀世俗行爲，諸佛本智之光就從四方八面虛空，如《能斷金剛般若波羅蜜多經》所説：「如來以其佛智悉知是人，即爲如來以其佛眼悉見是人，則爲如來悉覺是人。」直指修行人心性。「一切賢聖補特伽羅皆爲無爲法之所顯」！「如是有情，一切成就無量福聚，皆當成就不可思議、不可稱量無邊福聚」。這不是宗教神話，或者如淺隘者所謂使人矇昧的麻醉劑，而是佛教古德用以掃除眾生無始以來依附在心靈的煩惱習氣的去毒特效藥。以前我傳講的《入菩薩行》、《入中論》、《菩薩瑜伽行四百論》、《寶行王正論》、現在所講的《大乘莊嚴經論》，和希望將來仍具足福壽因緣能與大家研習的《現觀莊嚴論》，無一不是從各個不同層面領域來演繹、發揮和深化例如《大般若經》、《解深密經》和《華嚴經》所記載的空性學說和般若法門，這條佛祖留給後人安樂平穩行持的「成佛古道」！相信有智有福的善信當能相信和受用。今堂，彌勒菩薩就從《能斷金剛般若波羅蜜多經》中，找到一條「成佛古道」供各位受用。依經文說：「不住於色應生其心，不住非色應生其心；不住聲、香、味、觸、法應生其心；不住非聲、香、味、觸、法應生其心；都無所住應生其心。」菩薩要走上成佛古道，先要遣除一切對境相的執著，甚至對心識的執著，接著要安住於無形相的法身眞如。「緣佛善成法，心根安法界，解念唯分別，速窮功德海」。由此觀之，只要我們肯老實多聞薰習大經大論，成佛確不是難事。

己二 抉擇執法我為顛倒

四　云何緣起體，現見生異見，

闇故不見有，亦復不有見。

眾生現前所見明明是因緣和合所生的東西，但為何在這些東西上妄執有創造者？如果說黑暗令人看不到東西，那麼你為甚麼只看不到緣起法而只看到虛構出來的法「我」？

世親菩薩在《論釋》說：「云何緣起體現見生異見者？咄哉！世間云何現見諸行各從緣起；而依此體橫生異見：謂眼等諸根體非緣起。」作爲唯識瑜伽士，世親菩薩根據釋尊在《解深密經》對彌勒菩薩說：「善男子！我說識所緣，唯識所現故。」（註釋95）識所緣的一切法，只是識上所現影像，離開眼等識，並無實有的別體。換言之，諸識，例如眼識，識體都是依他起性；但眾生卻在這依他起性上，遍計執著有實有的東西，例如這是我的身體，是橫加在依他起東西上的異見。

世親菩薩繼續解釋：「邪闇故不見有，亦復不有見者；由無明故緣起之法是有而不見有。我體不有而復有見。」世親菩薩在另一本著作《三十頌》這樣定義緣起之法：「依他起自性分別，緣所生。」所謂分別是指無論凡夫的染心與賢聖的淨心和相應的心所活動，都是存在的

「有體法」，雖假但有。世親菩薩再以有體法和無體法來解釋：由於識所緣的境，都只是識的影像，所以在一切心、心所活動中，只有識體「自證分」是「依他」，而能取和所取產生的二相例如實我、實法是「偏計所執」，是無體法。例如於眾緣（註釋96）所生五蘊身執爲實我；前者是「有」，後者是「非有」；凡夫如果忽視五蘊只是由緣生，其實就是因無明遮蔽而不見五蘊雖假但是屬「有體法」；相反，如果他計執「無體法」這個實我的話，就墮入「有見」。無論如何，於「有體法」例如依他起五蘊身不見有，於「無體法」例如偏計所執的實我、實法見爲有，都是受無明障蔽的謬誤。

質疑：如果「無實我」，那麼誰人證涅槃？如果「無實法」，我們證涅槃時得到些甚麼？

解惑：如果你認爲有一個能離三苦，寂靜爲體的涅槃；你便有法我執、法我所執；兩者都是邪執。（註釋97）

五　生死與涅槃，無二無少異；
善住無我故，生盡得涅槃。

站在真如境界來說，生死和涅槃都是平等地無異無別的；但對於安住人無我、法無我道理而懂得行善的世人來說，便將因結束有漏的生命而得到解脫。

世親菩薩解釋輪迴、涅槃的道理說：「生死涅槃無有二，乃至無有少異。何以故？無我平等故。」世親菩薩從唯識學的角度來解釋，輪迴生死的凡夫因爲第七識與我見、我愛、我癡、我慢四種煩惱和別境慧心所等（註釋98）相應，於是生起人我等顚倒見。未證見法身眞如的修行人，又執著離開雜染的生死界以外，有一值得追尋的涅槃境界；因此亦生起法我的顚倒。而事實上，所謂涅槃，其實只是描述二乘人在得阿羅漢果前的無分別根本定，斷盡「人我」的習氣；或第十地菩薩在成佛前的金剛喻定，斷盡「人我」、「法我」的習氣（斷二障的詳細功德可參看註105）。換言之，在眞如人無我、法無我的特性上，迷的是生死，悟的是涅槃；所以，生死涅槃在二無我的角度下是平等和無有些少差異的。那應怎樣觀修人無我、法無我呢？佛在《能斷金剛般若波羅蜜多經》就教導說，斷除四種我想便得人無我。「善現，彼菩薩摩訶薩，無我想轉，無有情想，無命者想，無士夫想，無補特伽羅想，無意生想，無摩納婆想，無作者想，無受者想轉」。菩薩遠離一切我見，所以沒有我想、有情想、命者想和補特伽羅等想生起。又教修行人斷除四種法想故得法無我。「善現，彼菩薩摩訶薩無法想轉，無非法想轉；無想轉，亦無非想轉」。菩薩要了解緣起的道理，便不要執著任何東西都實有，亦不執著任何東西都實無；更要了解空性的道理，不執著空性可以用言語概念表達出來，亦不反對可以藉著言說概念，向初基修行人傳講空性學說，教修般若。此外，佛亦在《解深密經・分別瑜伽品》說：「善男子！由眞如作意；除遣法相及義相。」修止觀時，要除遣平日所聞思過的經文中的名、句、文和一切義，並修不同的空觀來遣除對一切境相的執著。

己三 宣說如何證悟真如的次第

無著菩薩在《攝大乘論》中說：「諸菩薩相貌，於眞如境中，是無分別智；無相無差別！」並強調說：「此無分別智，即是般若波羅蜜。」（註釋99）世親菩薩在《攝大乘論釋》更進一步說：「此無分別智不緣依他性爲境……此智但緣依他性法如（指圓成實性，亦即眞如）爲境故。法（現象界）及法如（眞如）不可說一異，非清淨清淨境故。」（註釋100）由此可見，要證悟眞如，必須要生起無分別智，而這無分別智，就是修行《大般若經》法門中重中之重的般若波羅蜜多；亦即我們所說本淨明體自成的五種本智。彌勒菩薩就用了五頌來介紹唯識瑜伽士如何在資糧、加行、見道、修道和究竟五位中，透過修瑜伽行生起無分別智來體證眞如；並勸勉後學要依這諸佛古修行道「速窮功德海」。

六　福智無邊際，生長悉圓滿；
思法決定已，通達義類性。

菩薩積累無量的福德和智慧資糧一旦達到充分足夠的數量時，外能除遣紛雜的境相，內則能專注思惟已確定隨修之法，例如真如二無我理；透過文句及經義通達思惟法義的內容。

這一頌是描述大乘成佛種子甦醒，發世俗菩提心，繼而進入資糧位的修行大概。修行人爲了證入眞如，廣行六度、四攝，積集無量福德智慧資糧，經歷「十住」、「十行」和「十迴向」（註釋101）三個階段而得到圓滿，當「順決擇分」（猶如無分別智是見道位的標記，順決擇分是加行位的象徵）的心識生起，便進入下一個修行階段：「加行位」。世親菩薩在《論釋》將資糧位稱作集大聚位；加行位稱作通達分位；並說：「通達義類性者，解所思諸法義類，悉以意言爲自性故。」意思是說：一切外境只不過是由精神和名言所安立，離開心識並無外境。「意言性」，意指思性，言指思惟言，世親菩薩在本論〈述求品・頌七〉解釋說：「意言者，分別也。」換言之，資糧位修行人只不過是在聞思上做功夫，依經教修行，在佛經上的名言安立，獨處思考而矣。

七　已知義類性，善住惟心光；
現見法界故，解脫於二相。

當菩薩了解境相畢竟只是心識分別活動時，祂已安住於外境唯是心識所顯現的道理。這時，祂以有所得的勝解力知道真如是遠離能取的心識和所取的境相。

世親菩薩解釋說：「此偈顯第二通達分位；由解一切諸義唯是意言爲性，則了一切諸義悉是心光；菩薩爾時名善住唯識。」唐譯的「義」是指境；「心光」是「八識心、心所活動」；修行人在加行位已明白到，所有外境都只是心識的名言分別；換言之，已習慣地安住於「全無外境，唯有內識」的唯識理。世親菩薩繼續說：「從彼後現見法界，了達所有二相，即解脫能執所執。」所謂「法界」亦名「自性清淨法界」，是指一切眾生和宇宙共依的眞如實體；簡單地說，就是眞如。爲了進一步現見法界，所謂證眞如或見法身，世親菩薩以所謂煖、頂、忍、世第一法這四善根，細緻地說明唯識瑜伽士如何藉著觀所取空、能取空，從所執和能執二相中解脫出來，然後達致下一個修行階段「見道位」的經過。

煖位：在第四禪明得定，觀所取境皆自心所變，體用俱無，得「全無外境，唯有內識」的初步智慧。**頂位**：在第四禪明增定再透徹觀所取境，離識無境的智慧增強，這時修行人的無分別智快將生起。**忍位**：在第四禪印順定中初則認定所取的確是空，中則觀能取之識亦復空，後則印證能取確是空。**世第一法位**：在第四禪以無間定同時雙印「所取境空」和「能取識空」；同時，凡入無間定者必能無所間隔地於下一剎那進入見道位，這時修行人雖已遣除「所取執」及「能取執」二相，但在修觀時會浮現「這就是眞如之相」的想法，此所謂「帶相觀空」，仍是「有所得」，所以無漏無分別智雖必於下一剎那無隔斷生起，但準確而言，世第一法位仍未能證眞如，未能見法身。（註釋102）而唐玄奘譯世親菩薩釋《攝大乘論 釋・入所知相分第四》引《分別瑜伽論》記載加行位修習情況：「菩薩於定位，觀影唯是心（煖位）；義相既滅除，審觀唯自想（頂位）。如是住內心，知所取非有（初忍位），次能取亦無（中、後忍位及世第一法位），後觸無所得（指無間入於見道位，無所得是眞如的特徵）。」

八　心外無有物，物無心亦無；
以解二無故，善住真法界。

一旦了知離開識並無境相，接著也明了內識亦沒有真實意義；能遣除能取所取二相分別的執著；這位修行人便安住於無漏無分別智所顯的法界中。

在前面加行位仍以有漏有分別智緣「眞如之相」爲境；到了見道位，無漏無分別智則緣離言眞如爲境（註釋103）。例如修行人在四禪中緣依他起的五蘊身修觀，遣除能取、所取二相對實我、實法的遍執後，這時有漏意識沉沒，無漏意識現起，見分直接接觸眞如無相之相，這時我們經驗到的是無始以來眞正的甚麼都看不到的境界。這亦是我們意識的見分不受相分所束縛，從「相縛」解脫出來歷史性的一刻。在見道位，修行人除了得「無分別智」外，還能得「自他平等」的大悲平等心。（註釋104）這兩件法寶，對見道菩薩日後的修行幫助很大。

九　無分別智力，恆平等遍行；
為壞過聚體，如藥能除毒。

菩薩能於蘊界處等一切處，以無分別智恆常行持自他平等，猶如特效藥物除去毒素般掃除無始以來依附在依他起性識體，例如阿賴耶識內的煩惱習氣。

修行人在「見道」時已永斷粗重的分別二障種子；但尚有較微細的俱生二障種子未斷除，二障種子在出定後仍可現行。故世親菩薩說：「爲壞依止依他性熏習稠林過聚相故。」所謂「過聚」是指俱生二障，「依他性」是指第八識中與前第六識和第七識相應的俱生二障種子。所以，菩薩要數數修習大悲平等心和無漏無分別智來斷除。窺基法師在《成唯識論・卷九》便很仔細的說：「由數修習無分別智，斷本識（即第八識）中二障粗重，故能轉捨依他起上遍計所執，及能轉得依他起中圓成實性。由轉煩惱得大涅槃，轉所知障證無上覺。」（註釋105）

世親菩薩除了在眞諦法師譯的《攝大乘論釋》將無分別智等同般若波羅蜜多外，還在《三十頌・頌廿九》這樣描述「無分別智」：「無得不思議，是出世間智。」世間未見道的凡夫是沒有無分別智的，因爲它遠離能取、所取二相，故無取相可得；而且不能以言語概念詮表，所以它不是以世間邏輯思惟成立；而是由聖言量（註釋106）所成立。在《論釋》中，世親菩薩形容無分別智爲「譬如阿伽陀藥（漢譯爲解毒劑），能除一切眾毒」。所謂毒，指煩惱，無分別智的作用是對治煩惱，與無漏智同義。

十　緣佛善成法，心根安法界；
解念唯分別，速窮功德海。

> 當眾生福緣具備時，佛便以無漏有分別的後得智，宣說三藏十二部引領眾生解脫的教法，總括這些教法來說：修行人首先安住於遣除人我、法我後所顯的真如法界，然後以後得智令心相續安住於了解一切現象都是諸識所緣、唯識所現的道理；再加上積聚無量福慧資糧，修行人便能安穩便捷地到達涅槃彼岸。

菩薩經十地修行圓滿，透過斷煩惱障顯得自性清淨法界——眞如；斷所知障，轉有漏八識得無漏智後；成就大牟尼法身（註釋107），由於大悲心，當眾生福緣具備時，佛以無漏後得智，透過「妙觀察智相應心品」和世間語言文字，結集三藏十二部經，引領眾生得到勝生安樂和定善解脫等教法，這就是「緣佛善成法」的意思。世親菩薩在《論釋》說：「心根安法界，此明入第一義智故；由此慧安住法界，是故此心名根。」意思是說：佛教導修行人首先遣除人我、法我的執著，然後安住於自性清淨法界，此「法界」即一切情器世界共依的眞如實體。這第一義智即是無分別智；由於眞如實體無相，所以無分別智的「無所得」特性正好令我們「心根安法界」。作爲唯識瑜伽士，彌勒菩薩特別指出一種令我們更有效達到「心根安法界」境界的方法，那就是「解念唯分別」。世親菩薩解釋說：「謂此後起觀如前觀事，處處念轉，解知諸念唯是分別非實有故。」意思是說：當「無分別智」的根本智證眞如（圓成實性）之後，再以「有分別」的「後得智」了知「依他起性」的現象界，這一切都是八識虛妄分別活動，如幻如化。這印證了前文註釋92《厚嚴經》所說：「非不見眞如，而能了諸行；皆如幻事等，雖有而非眞。」亦充分明白《金剛經》所說：「一切有爲法，如夢如泡影，如露亦如電，應作如是觀。」是文佛教我們看透宇宙人生的經驗之談，至理名言。因爲我們只能透過遣除遍計所執的人我、法我而證得眞如；證眞如後，才能以後得智看到作爲依他起性的現象界諸法皆是心、心所的虛妄變現。這樣，「心根安法界，解念唯分別」便成爲瑜伽行者修止觀的指路明燈了。

註釋

95. 《解深密經・分別瑜伽品》。

96. 一般認為依四緣：因緣、等無間緣、所緣緣和增上緣所生起的心法；以及依因緣和增上緣所生起的色法，都是依他起自性。

97. 如世親菩薩釋、無著菩薩著、真諦法師譯《攝大乘論釋・卷七》云：「若執法體是有，名法我執；譬如執有涅槃，謂集諦無生寂靜為體。若執法體有用，名法我所執，譬如執涅槃用，謂能離三苦。如此等執名為邪執。」意思是說：若我們認為涅槃實有，這便是法我執；若認為證涅槃後能離一切痛苦，則是法我所執。這個「我」指的是實體。

98. 一般依護法菩薩（530-561）的說法，第七識與五遍行、別境中慧心所、四根本煩惱和八大隨煩惱相應；人我就由第七識和這十八種心所虛構出來。

99. 無著菩薩著，世親菩薩釋，真諦法師譯《攝大乘論釋・卷十二》。T31n1595_P0245a20(00)

100. 仝上，世親菩薩釋文。T31n1595_P0243a23(00)

101. 資糧位菩薩修六度時功德雖未成熟，但心堅住，無有動搖，就是「十住」。修六度漸趨成熟，能依佛經教示，如教奉行，就是「十行」。修行已令內心柔軟，並將功德迴向自他一切有情，共成無上菩提，就是「十迴向」。這裡的「十」字是指圓滿之數。

102. 誠如《三十頌‧頌二十七》說：「現前立少物，謂是唯識性；以有所得故，非實住唯識。」又如本論〈教授品〉亦云：「爾時此菩薩，次第得定心；唯見意言故，不見一切義！」總之有丁點兒的分別相就能束縛「見分」，形成相縛；這就如《能斷金剛般若波羅蜜多經》中所指，有丁點兒法執，一定會形成我執，煩惱習氣便形成粗重縛，令身心不安穩，無漏智因之不能生起。

103. 無漏無分別智是由無漏意識起活動，這時無漏意識的見分攀緣離言真如，但看不到任何東西，因為真如是無所得，所以具體一點來說：當修行人無漏意識現起時，不能沒有能緣的見分，但見道時的見分生起時，是挾帶真如無相之相而攀緣之。所謂「無相之相」，第一個相字解作顏色、形狀；第二個相字解作特質。亦如《三十頌‧頌二十八》說：「若時（見真如時）於所緣（真如境），（無分別）智都無所得。」

104. 見前〈發心品‧頌九〉。

105. 在十地修習位中斷伏俱生二障情形如下：在第八識中（一）與前六識相應的煩惱障在加行位漸伏，在初地頓伏；煩惱障種子在圓滿第十地，金剛喻定無間道頓斷；煩惱障習氣在修道位中地地漸除，佛果解脫道永捨。所知障在修道位中地地漸伏，第八地永伏；所知障種子在修道位中地地漸斷，金剛喻定無間道盡斷；所知障習氣在修道位中地地漸除，金剛喻定解脫道永捨。（二）與第七識相應的煩惱障在初地開始地地漸伏，第八地永伏；煩惱障種子於金剛喻定無間道頓斷；煩惱障習氣在解脫道永捨；所知障在修道位中地地或伏或起，於金剛喻定無間道永伏；所知障種子於金剛喻定無間道頓斷；所知障習氣於解脫道永捨。

106. 聖言量可視為佛門高階修行人所說的專家報告。

107. 見《三十頌・頌三十》：「此即無漏界，不思議、善、常、安樂解脫身，大牟尼名法。」「大牟尼法身」專指佛的法身，包括得大涅槃的自性身和得大菩提的智慧法身。

應用思考問題

1. 世親菩薩指出，受無明障蔽的凡夫看不到依他起的「有體法」；可是眼中卻往往只有根本不存在的遍計執「無體法」。何謂有體法？何謂無體法？如何才可避免這種顛倒？試在日常生活中舉例說明。

2. 執著有人我、法我，就會輪迴生死，甚至下墮惡趣；相反，如果在因緣所生法的基礎上，遣除對人我、法我的執著，將心安住於無相真如；那麼，這位智者就能在日常生活中，在在處處都看通宇宙人生的真諦；甚至「生盡得涅槃」。所以不存在「如果無實我，那麼誰人去證涅槃？」此等膚淺的想法。試依頌五說明這道理。

3. 彌勒菩薩從頌六至頌十以五頌說明菩薩由大乘成佛種子甦醒，發世俗菩提心開始聞思真如，以至生起無分別智開始至二障斷盡，證得大涅槃，得真如法身；證得大菩提，得真如本智為止；娓娓道出這條豐盛的成佛古道，並勸勉修行人依之速成佛果，救度無邊如母有情。試以白話詮釋這五頌。

4. 佛果有兩方面：得大涅槃和大菩提。所以，初基資糧位的修行人亦因應而在經教中聞思有關真如和無分別智的性相道理，認知的範圍畢竟只是在名言內，即世親菩薩所謂的「意言」而矣。另一方面，資糧位修行人亦要實際透過「十住」、「十行」和「十迴向」廣行六度，積集無量福慧資糧。試依頌六詳加解釋修此位時，真如和無分別智以何形式出現，修行人又如何獲得此位圓滿。

5. 彌勒菩薩在頌七描述修行人勤修止觀，將對有關真如和無分別智的意言執著，在定境中過濾，明白到「全無外境，唯有內識」的唯識道理，最後在世第一法位同時證得「所取境空」，「能取識空」。這時，修行人雖面對真如，但可惜在修觀時仍浮現「這就是真如之相」。對無相、無所得的真如仍有一絲「有所得」，結果要到下剎那將「這就是真如之相」空掉，才能現見真如。試依頌七及《分別瑜伽論》所說，詳細介紹修行人怎樣通過止觀和修慧幾乎證得真如情形。
6. 加行位修行人先專注將「全無外境，唯有內識」的真如道理落實到止觀的修慧上；到加行位尾段更將能取的內識觀為空。世親菩薩為了細緻說明唯識瑜伽士如何藉著觀所取境空、能取識空，在《三十頌》以四善根所謂煖、頂、忍、世第一法，詳說唯識瑜伽士怎樣從所執和能執二相解脫出來，導引我們到見道位這分段。如頌七有云：「現見法界故。」但加行位尚未見道，為何彌勒菩薩用「現見法界」來形容加行位境界呢？試依頌七加以分析。
7. 試以《心經》和頌一及頌八所說，描述見道位安住真如時的情境，作一比較。
8. 見道時，行者從無始以來首次經歷著甚麼都看不到的境界，亦是意識不受境相束縛，從「相縛」解脫歷史性的一刻，試說明。

9. 修道位是菩薩以無分別智和大悲平等心掃除無始以來依附在依他起性，例如阿賴耶識內與第六和第七識相應的俱生二障種子，試列表說明無分別智在修道位中如何斷伏二障的情形。

10. 彌勒菩薩在頌十苦口婆心勸勉修行人要珍惜佛證無上菩提後，以無漏有分別的後得智，將「真如」的性質和證真如的方法記錄在三藏十二部經，透過聞思法相、法義；之後再修止觀，「解念唯分別」，將一切法相法義都除遣之；再將心住於無所住的「真如境界」，所謂「心根安法界」上。試依頌十，以白話解釋彌勒菩薩介紹這條「成佛古道」；又這「成佛古道」是否彌勒菩薩獨創的呢？試引經說明。

《大乘莊嚴經論》第13講

往昔釋尊初發菩提心，喚醒成佛種子；積聚無量福慧資糧；經一阿僧祇劫修得無分別智生起，配合大悲平等心而現見眞如；入於初地。再經另一阿僧祇劫修成滅盡定，永伏俱生我執，得十自在神通，蒙燃燈佛授記爲第八地菩薩。再經第三個阿僧祇劫，坐大蓮華蒙諸佛白毫灌頂，最後心入金剛喻定，永捨煩惱障和所知障習氣，顯得大涅槃，生起大菩提。總結三大阿僧祇劫的修行經驗，祂慈悲地勸勉後輩，累積相當福慧資糧後，時刻謹記「心根安法界，解念唯分別」。修行人要安住於遣除人我、法我後所顯的眞如法界；並以勝解心了知一切現象都是諸識所緣，唯識所現。誠如是，修行人便能「速窮功德海」。

今堂，彌勒菩薩要求修行人時刻思惟大乘教法第二個主題：菩薩所修神通。誠如我較早前開講《寶行王正論》時常說：大乘希望所有修行人都具有神通能力，因爲倘若沒有神通，怎能救度世人？怎能調彼伏彼？《瑜伽菩薩戒》第四十四條就特別提到，有神通的菩薩假使見到非法行而不去威折這些作惡有情，便違犯菩薩戒。修成神通，談何容易，首先修止不但要達致第四禪，還要有無分別智令心住於眞如，在三摩地不動搖下，才可示現神通。具體來說，至低限度是初地菩薩才能顯現神通，未見道的凡夫例如魔術師，充其量只能運用幻術迷惑人心。「第四極淨禪，無分別智攝，如所立方便，依此淨諸通」。雖然修成神通要付出很大的努力，但得神通後，就能隨意自在地達成自利利他菩薩事業。例如菩薩能以天眼見十方情器世界如何形成，如何壞滅；又例如菩薩能輕而易舉地將宇宙萬象展現在某個要度化的眾生面前。「世生成壞事，見彼猶如幻；種種他所欲，自在隨意成」！菩薩甚至只是以神通放光，照射到受苦的眾生身上，就可以爲其解除痛苦；甚或透過神通放光來降魔伏妖。「神光照惡趣，令信生善道。威力震天宮，動殿令魔怖」。還有，高階例如三淨地菩薩們，就能在大盛宴上集體變現神通，齊心協力改變某個世界；甚至在這些世界顯示有佛出世。「遊戲諸三昧，僧中最第一，恆現三種化，以是利眾生」。菩薩最殊勝的神通妙用，莫過於變現莊嚴佛國淨土，攝引眾生往生。「智力普自在，剎土隨欲現；無佛令聞佛，懸擲有佛境」。最後，彌勒菩薩以大自在、大歡樂和大無畏來形容菩薩偉大的神通事業。菩薩能安置有情於自在自主安樂之處，是大自在；常以歡喜心運用神通利益眾生，是大歡樂；如獅子般威猛，敢於面對並折伏四魔——煩惱魔、死魔、五蘊魔和天子魔的恐嚇威脅，就是大無畏。「能安不自在，常勤於利物，行有無怖畏，勇猛如獅子」。

第八　神通品

丁二 思惟所修六神通：〈神通品〉

世親菩薩說：「說眞實義已，次顯菩薩神通相。」

戊一 神通之自性

一　起滅及言音，心行亦先住；
向彼令出離，六智自在通。

具有勇猛自在力量的菩薩，能無障礙地遍知六種境界：眾生生死起滅情況；眾生一切語言音聲；眾生剎那相續的意念；眾生過去所積集善惡質量和數量的情況；為利益眾生而遊歷任何國土；了知眾生能否斷盡煩惱而出離輪迴。

一般認爲，一位理想的菩薩應具備智、仁、勇三方面的超凡特質，而作爲大乘修行人亦應時刻思惟，如何以無分別智證得眞如，以及以無分別智現證眞如之三摩地去修煉六種勇猛自在神力，俾能無礙地成熟自他有情相續；完成菩薩仁者的大願。這就是本論第七〈眞實品〉、第八〈神通品〉和第九〈成熟品〉這三品的中心思想。彌勒菩薩強調如果修行人時刻繫念不忘，就會嚐到大乘教法的法味。「食膳譬，爲令思惟得法味故」。（註釋108）

世親菩薩在《論釋》說：「起滅者，謂生死智境；知諸眾生生死故。言音者，謂天耳智境，隨彼所起言語悉聞知故。心行者，謂他心智境，能知他人心行差別故。先住者，謂宿命智境，知彼先住善惡所集故。向彼者，謂如意智境，隨彼處處往教化故。出離者，謂漏盡智境，知彼眾生出離應不應故。」「出離應不應」，指漏盡通，能知眾生是否具足出離生死、進入涅槃的能力。菩薩以現證眞如之三摩地，能對於世間六種境界：生死智境、天耳智境、他心智境、宿命智境、如意智境和漏盡智境都能勇猛自在，遍知無礙；這就是佛教神通的特質；跟世間未見道的外道凡夫以幻術變化，無中生有，蠱惑人心，迷人耳目的所謂法術，明顯不同。

戊二 神通之因

世親菩薩說：「已說自性，次說修習。」

二 第四極淨禪，無分別智攝；
如所立方便，依此淨諸通。

菩薩修止時達致第四禪境界；修觀時，以無分別智為助伴，並依上述〈真實品〉教示，安住於真如，再透過不同方法觀前述六境，就可以成就六神通。

米滂仁波切在《勝乘甘露喜筵》記載了修習六神通的「所立方便」：「欲得天眼通，專注作意光明周遍十方，並無礙現見一切色法；欲得神足，專注作意身輕無礙隨意變現；欲得天耳，專注作意種種音聲差別，欲彼一切現前；欲得他心，專注作意他心種種行相，欲彼一切現前；如是欲得宿命、漏盡智通，於宿生事，後世事，於四諦、三解脫等，分別專注作意，欲其現前。」這裡所謂作意，指的是起心動念。四諦是指苦、集、滅、道之世間和出世間因果。三解脫不是三解脫門，而是指三種幻化道：所謂有色觀色之解脫、無色觀色之解脫和除障觀可愛之解脫。那爲何修習六神通必先具備修止達到第四禪呢？這是根據釋尊在《中阿含經》所記錄修行的經驗：「諸賢！我已斷此五蓋，心穢、慧羸、離欲，離惡不善之法，至得第四禪成就遊。諸賢！我已得如是定心清淨，無穢無煩，柔軟善住，得不動心。學如意足智通作證。……學漏盡智通作證。」（註釋109）爲何稱第四禪爲極清淨呢？根據《阿毘達磨大毘婆沙論》說：「第四靜慮有四禪支數目：一不苦不樂受，二行捨清淨，三念清淨，四心一境性。」（註釋110）其中捨清淨和念清淨是初禪至三禪所沒有的，只有第四禪才具有這清淨境界。菩薩寂止於第四禪，以無分別智爲助伴修空觀，再加上種種方便，修成六神通。

此外，龍樹菩薩在《寶行王正論·菩提資糧品·頌九十二至九十七》，亦教修行人在日常生活中如何積聚福慧資糧，招感六神通果報。「支提列燈行，幽闇秉火燭；布施續明油，故得淨天眼」。在支提佛塔用線串起燈鬘；在黑暗處點燈，布施燈油；這樣便得天眼通。「供養支提時，即設鼓聲樂；蠡角等妙音，故獲淨天耳」。向支提佛塔獻供時吹奏海螺、號角、鼓聲和其他美妙音樂；由此得天耳通。「於他失默然，不談人德闕；隨順護彼意，故得他心智」。對別人的過失保持緘默，不評論別人操守的缺失；隨順別人並擁護他的想法；這樣能得他心通。「由施徙舟乘，運致羸乏人，恭謹瞻尊長，故獲如意通」。爲羸弱和貧窮者提供舟車運送等服務，以騎乘送迎耆老尊長；便獲得如意通。「令他憶法事，及正法句義；或淨心施法，故感宿命智」。透過引領別人謹記與正法相關的事情，包括正法經論之義理，及以清淨心說法；便能獲得宿命通。「由知眞實義，謂諸法無性；故得第六通，最勝是漏盡」。透過體證諸法眞實義，亦即是諸法無自性；便得第六種神通，也是最殊勝的漏盡通。

戊三 神通之果

三　三住住無比，所住善供養；
令彼得清淨，是說神通果。

菩薩神通有三果：一、恆常處於無與倫比的、偉大的、神聖莊嚴的和勝生狀態的勝住果；二、參訪諸佛剎土並承事供養諸佛的善供養果；三、引領眾生達致圓滿成就的令他清淨果。

世親菩薩在《論釋》中解釋「勝住果」說：「此住有

三種：一聖住，二梵住，三天住；所得無比無上故。」意思是說：勝住果令菩薩以神通力安住於賢聖住處，例如眞如法界和滅盡定境；這是聖住。菩薩安住於四無量自他平等心，是爲梵住。菩薩色身常住於第四禪天，是爲天住。世親菩薩又說：「菩薩能以神通往返十方諸佛國土，因供養諸佛而得『善供養果』。」菩薩復能於十方世界示現神通；眾生因景仰而供養菩薩，從而令他們獲得清淨；這便是令他清淨果。

彌勒菩薩接著提出菩薩神通的六種清淨作用，分別是天眼業、神變業、放光業、遊戲業、化身業和清淨業。

戊四 神通之業用

四 世生成壞事，見彼猶如幻；
種種他所欲，自在隨意成。

菩薩能以天眼業見十方情器世界，知悉它們如何形成，如何壞滅；世間就如魔術師的幻事一樣。菩薩神變業能因應眾生欲求，以十自在神力隨意將不同宇宙境象呈現在眾生面前。

前半偈是菩薩的天眼業用，後半偈是神變業用。世親菩薩在《論釋》說：「十種自在如《十地經》說。」十自在是第八地菩薩擁有的神通業用，分別指一、菩薩能加持自己壽命達無量劫，是壽自在。二、菩薩能隨意出入滅盡定，是心自在。三、菩薩能將任何物質轉化變成財富，莊嚴世間，例如點石成金，是財自在。四、菩薩能將某人的未來業果顯現在前，是業自在。五、菩薩能隨意投生在任何界度，是生自在。六、菩薩能隨著自己意願在任何時間、任何地方成就佛果，並招感佛土，是願自在。七、菩薩能依眾生的祈願，示現出充滿佛的大千世界，是勝解自在。八、菩薩能於所有世界中示現神通，是神通自在。九、菩薩能示現佛的十力、四無畏等殊勝教法，展示三十二相和圓滿正覺，是智自在。十、菩薩能開演無邊、無中，例如般若中觀的教法，是法自在。（註釋111）

五　神光照惡趣，令信生善道。
威力震天宮，動殿令魔怖。

菩薩能放射萬道光芒，下照三惡趣；當劇苦眾生一接觸到光芒，內心即生起信心，同一時間超昇到人天善道。此外，光芒觸及欲界第六他化自在天郊野的天宮，震動住於該處的天魔眷屬，威懾他們造魔業的氣焰。

世親菩薩在《論釋》說：「此偈顯示放光業。放光業有二種：一救苦、二怖魔。上半偈明救苦；謂下照惡道眾生，令發信心得生善道故。下半偈明怖魔；謂上照天宮，震動魔宮殿令魔驚怖故。」

六　遊戲諸三昧，僧中最第一，
恆現三種化，以是利眾生。

在諸佛菩薩眾會中，菩薩示現無量三摩地，幻變種種遊戲境；又為利益一切有情，菩薩恆常示現工巧化身、隨欲化身和殊勝化身。

世親菩薩在《論釋》說：「此偈上半顯示戲業，於佛眾中遊戲諸定最得自在。」米滂仁波切舉只有第十地例如是文殊菩薩獨有的「首楞嚴三昧」爲例，說明這就是菩薩神通遊戲業用的例子。「首楞嚴三昧」是梵語音譯，意譯爲勇猛伏定意；意思是十地菩薩不必在形相方面用力去做某件事，例如救度工作，其功德也能彰顯，其事業亦得光耀。（註釋112）世親菩薩又說：「下半偈顯示化身業。化身有三種：一業化：工巧業處自在化故。」業化指工巧化身，是由工匠製作出佛像佛畫，給眾生供養禮拜，從而獲福；用來利益有情。「二隨化：隨化欲自在化故。」爲了救度有情，菩薩有時化身爲人、動物，甚至死物如山丘、橋樑、飲食和衣服。「三上化：住兜率天等勝上化故。」上化又稱殊勝化身，例如釋尊從兜率天下降至涅槃等八相成道的示現。

七　智力普自在，剎土隨欲現；
無佛令聞佛，懸擲有佛境。

具足十自在中智自在的菩薩，能隨眾生願求而變現淨土，向他們展示佛十力和三十二相。而智自在亦能向未聞「佛」名的眾生，令得聞佛名，使之生起淨信；最後安置他們投生在有佛出世的世界。

這偈顯示神通第六種清淨業。世親菩薩解釋說：「清淨業有二種：一淨剎土，二淨眾生。上半偈明淨剎土；由智自在隨彼所欲，能現水精琉璃等清淨世界故。下半偈明淨眾生；於無佛世界，能令聞佛起淨信心；生有佛處故。」

戊五 神通之相應

八　成熟眾生力，諸佛所稱譽；
發語無不信，如是說相應。

菩薩化度眾生的能力有如大鵬翱翔虛空，顯示祂們神通成熟。菩薩常得諸佛特別讚賞，顯示祂們具足堪受稱譽的功德；一切眾生無不信受菩薩教誡，顯示祂們有調御眾生的能力。

這裡所謂「相應」，是指菩薩修行所獲的功德，是否因果對稱，名實相符。而菩薩歷三大阿僧衹劫積累無量福慧資糧，其功德實應不可思議，所以世親菩薩說菩薩由神通成就所得的功德極大。誠如世親菩薩在《論釋》說：「神通相應有三種：一成生相應：譬如鳥翅初得成就。二稱譽相應：常得諸佛之所讚歎。三信受相應：凡所言說人皆信受。」

戊六 神通之分類

九　六智及三明，八解八勝處；
十遍諸三昧；勇猛資神通。

菩薩勇猛神通，依運作模式不同而分成六類：六神通、三明、八解脫、八勝處、十遍處和無數三昧，例如首楞嚴。

菩薩神通依運作情況不同而分六類。一、**六神通**：如前述的天眼、天耳、他心、宿命、神足、漏盡通。二、**三明**：指宿命明、天眼明和漏盡明。「通」和「明」不同。宿命通，指的是清楚了知過去世所做的所有事，而宿命明是知過去世所做所有事的原因；所以宿命明稱爲前際明，天眼明稱爲後際明，與漏盡明三者和合作用，就能了知過去、現在、未來發生的事及發生的原因。三、**八解脫、八勝處和十遍處**：這三種由心學發展出神通，都是以勝解作意爲中心，展開修煉。這三種神通是由低至高分別獲得三種色心自在變化的不同階段。八解脫是指修行人透過觀色境而背捨色境上的煩惱而得解脫；這裡的解脫不是指涅槃，而是指以勝解作意，下定決心專注於在從三界九地各地煩惱中脫離其繫縛。（註釋113）最後的第八想受滅身作證具足住解脫則視作滅盡定。四、**八勝處**：是從前述八解脫的勝解作意上生起勝知勝見；勝處有制伏所緣境的意思。換言之，八勝處有制伏外境色相所生起的貪欲，並能於色法上生起神通變化；所以八勝處唯觀色境。

（註釋114）修行人由淺入深，最初先於所緣境事思惟勝解，能背捨解脫貪欲，是名八解脫；其次是能制伏超越外境色相，起神通變化，是名八勝處。爲了更進一步將神通變化的成就伸展到遍一切處，例如色究竟天；便要修十遍處。五、**十遍處**：指依勝解作意觀察地、水、火、風、青、黃、赤、白、空、識這十種東西，無二無量地周遍十方一切處；據云，修成十遍處，除了於彈指間能到色究竟天外；還可轉變物質形相，如一變多，多合爲一等神通妙用。六、**諸三昧**：三昧簡稱爲「定」。三昧是音譯，亦作三摩地；意譯等持，是別境心所之一；於所觀境，產生平等持心，令心專注不散爲自性，又能引發抉擇智慧爲業用。諸三昧是十地菩薩以勝解作意和定心所變現諸種遊戲境界，在世間展開度化工作；其中以文殊菩薩的入首楞嚴三昧，在世間示現變化遊戲境，最爲人津津樂道。

戊七 結讚大乘神通之殊勝

十　能安不自在，常勤於利物，
行有無怖畏，勇猛如獅子。

菩薩的神通有三種殊勝：能以智慧安置無力的眾生於能獨立自主之處，為大自在；常懷歡喜心於利生事業上專注一味，為大歡樂；為了利益眾生，猶如獅王般勇猛，不畏懼煩惱邪魔損害而住於三界，為大無畏。

如世親菩薩在《論釋》說：「菩薩神通有三種大：一自在大，眾生由煩惱故不得自在，菩薩智力能自在安置故。二歡樂大，由常勤利益眾生一向樂故。三無畏大，行三有中得極勇猛如獅子故。」

註釋

108. 見前文〈緣起品・頌二〉，世親菩薩有關釋文。

109. 見《中阿含經・長壽王品・迦絺那經》。

110. 見《阿毘達磨大毘婆沙論・卷八十・十門納息》。

111. 詳見拙作《入中論講義》頁六〇八。

112. 見鳩摩羅什譯《佛說首楞嚴三昧經・卷上》：「菩薩住首楞嚴三昧，發大精進得諸善法；……菩薩悉知一切諸法，常住法性不來不去；如是遠離身口意行，而能示現發行精進，亦不見法有成就者；現於世間發行精進，而於內外無所作為。常能往來無量佛國，而於身相平等不動……。」

113. 八解脫是一、內有色想觀諸色解脫；二、內無色想觀外諸色解脫；三、淨解脫身作證具足住解脫；四、空無邊處解脫；五、識無邊處解脫；六、無所有處解脫；七、非想非非想處解脫；八、滅想受身作證具足住解脫。在《現觀莊嚴論略釋》頁七十一提到，八解脫屬隨順菩薩所有道相智，而前三種屬變化道類，能成就種種變化作用；後五種屬現法樂住道類，能於現法中成就三摩地安樂住之作用。

114. 有關八勝處的觀法，見《中阿含經・卷五十九・例品第一得經》。八勝處是：內有色想觀外色少，內有色想觀外色多，內無色想觀外色少，內無色想觀外色多，內無色想觀外色青，內無色想觀外色黃，內無色想觀外色赤，內無色想觀外色白。所謂內有色想，是指自己心中所起的物質相貌，其他人都可以看到；內無色想是其他人都看不到。觀色少，是指先觀自身或身邊簡單的境事；觀色多，是再進而觀身外較繁複例如房舍、園林、國土等境事。

應用思考問題

1. 六神通是菩薩現證真如後，以無分別智和第四禪的定力，對世間六種境界都遍知無礙，遍行無阻；甚至為利益眾生而示現種種變化。試以頌一和頌二說明菩薩如何修煉六神通和六神通所行的六種境界。

2. 除了修成無分別智和第四禪定境能成就神通外，龍樹菩薩在《寶行王正論》亦提到在日常生活中積聚福德和智慧資糧也可成就六神通，試引頌文說明。

3. 菩薩大顯神通，為自己和眾生帶來甚麼的效能結果？試依頌三說明。

4. 神通有六種清淨業用，試依頌四至頌七以白話翻譯說明。

5. 高階位如第八地菩薩的神變業，能隨意將不同的宇宙萬象呈現在眾生面前，這就是十自在。試依《入中論講義》頁六〇八詳述之。

6. 菩薩藉著放光來達致救苦和降魔二種功效，試依頌五及你讀過的經論引證。

7. 高階位菩薩的化身與佛一樣，有業化、隨化和上化三種變化身；不單有化身，還有化土，例如觀世音菩薩有普陀洛伽淨土。請依頌六和頌七說明。

8. 菩薩有三種名實相符的功德，所謂成生相應、稱譽相應和信受相應，試依頌八說明。

9. 無論大乘或小乘，要達到神通成就，便要勤修增上心學和慧學；尤其與意識相應的勝解作意，隨著修行人不斷強化鍛煉，就得到令色心自在變化，甚至達到轉變物質形相等效果。試依八解脫、八勝處和十遍處這三種不同程度的心學鍛煉加以說明。

10. 菩薩修大乘神通變化有何殊勝？試依頌十說明。

《大乘莊嚴經論》第14講

現見法身眞如、具足神通威力和自度度他的道行火候到家這三點，是大乘人精進修行下的境界。彌勒菩薩就將〈眞實品〉、〈神通品〉和〈成熟品〉三章同列入「所思惟」，並以食膳作譬喻；意思是囑咐大乘弟子日夜要繫念這三種功德，嚐得大乘法味。

所謂成熟，是指修行是否到家，就好像煮食火候是否令食物熟透所需條件一樣；因爲飯熟了才可食用，同樣，修行人自相續成熟後，方有能力度他，令他成熟。跟現見法身眞如和得六神通威力一樣，修得般若波羅蜜多無分別智生起，修行人才能「正性離生」，才開始自熟熟他。正者聖也，生者猶如米生硬，米要煮熟成飯後才可食用；見道後的修行人在般若波羅蜜多的正見下，方可列入聖者行列，才離開生硬的修行方式，避過在處理世俗事務時，處處碰釘撞板違越戒律的危險，才有能力自度度他，堪成眾生的善知識。「如此九種物，自熟亦熟他，增善增法身；如世極親者」。

在〈成熟品〉中，彌勒菩薩提出九點來檢測菩薩修行是否到家；猶如《壇經》述說五祖問六祖：「米熟也未」一樣，修行人在這九點都能達到標準，就證明祂已見道，得無分別智，正性離生，得神通威力。「欲、信、捨、悲、忍，念、力、堅、支具；應知自成熟，此九皆上品」。所謂欲成熟，是指修行人精進修行大乘，並對眾生業力、咒力、藥力、佛智和瑜伽所行境界等一切不思議處究竟無有懷疑。所謂信成熟，是深信佛的神通大能須臾不離加持護念行者自身。修行人以念和輕安善護六根，不受煩惱欺凌，在修習止觀時不斷將煩惱損之又損，樂於修行善法；這是捨成熟。「善護於六根，離惡起對治，樂修諸善法，說捨成熟相」。菩薩在見道時的大悲平等心增勝，爲利益廣大受苦眾生，悲成熟的菩薩往往投生成世間出類拔萃的人物，例如科學家、發明家、政治家，甚至人王、天王；成就「十王事業」，爲眾生減輕苦難，謀求幸福。菩薩種性除了大悲、大信和大行外，就是具有大忍，能忍大乘難行之行，在修行上無論遇上順逆境所生起的考驗難關，都能面對和解決。念成熟的「念」是指對往昔修行經驗和境界憶持不忘，例如將聞思經教、積集福慧的記憶，都牢記於心。於是修行人今生便感召到善趣七德的勝生功德，而且更能將般若波羅蜜多日日增上。「報淨善隨順，極入善惡説，能起大般若，説念成熟相」。所謂力成熟，是指福慧種子儲在如溫室般的阿賴耶識內，日益增長達致成就佛果的力量。所謂堅成熟，是指修行人認眞學習大乘經教，並生起勝解；就是這樣，無論遇上外道問難，天魔作梗，修行人都堅定不移，成就無上菩提。最後，支成熟是指修行見道時，以無分別智斷除能取、所取的執著，這時分別有五種支分助緣，包括信、無病、無諂、無誑和智慧。在這五種善根助緣中，信能促使行者積聚無量福慧資糧；這是支成熟的成因。無病是令修行人身體堪能精進行持六度的助緣；這是支成熟的特性。無諂和無誑令行者潔身自愛，遠離罪惡；智慧則令行者圓滿修持六度善行；這三種支分便是支成熟的業用。「所有善根聚，依勤能發起，離惡及修善，説支成熟相」。

第九　成熟品

丁三 思惟得諸功德之因成熟自相續：〈成熟品〉

世親菩薩說：「已說諸菩薩神通，諸菩薩云何自成熟？」意思是說：菩薩能嚐得大乘法味，除了現見眞如、具有神通這些功德外，還要修行地地勝進，漸次令自己福慧日趨成熟，功力達到爐火純青的地步，更行有餘力，化度別人，令他成熟。所以繼〈神通品〉後，彌勒菩薩便說〈成熟品〉。所謂成熟，就是透過日積月累修行，最後福慧圓滿以致於在欲等九個層面達到成就標準。

戊一 自成熟

己一 總標略說

一　欲、信、捨、悲、忍，念、力、堅、支具；
應知自成熟，此九皆上品。

欣樂和信仰大乘、以守護根門捨棄煩惱、慈悲、安忍、憶持教法和福慧功德、福慧增上圓滿、意志堅定、見道時具足五種支分助緣；當菩薩把上述九種功德發展得淋漓盡緻，這便是菩薩自成熟了。

於大乘教法生起樂欲；深信佛陀的六神通威力；由守護根門故能捨棄煩惱；悲憫一切有情；能行難行的大乘修

道爲安忍；憶持並不忘一切教法及福慧功德；積聚的福慧資糧具足威力令事業成辦；對甚深教法堅定不移，不受魔事影響；於見道時具足五種斷除能取、所取的支分助緣。當菩薩淋漓盡緻地發揮上述九種功德，便稱爲自成熟。

所謂成熟，就是指修行的火候已到。自成熟，是指菩薩在修行過程中，功夫已熟鍊，不生硬；如果修行人功夫生硬，就會處處碰釘子。例如我們稱見道位爲「正性離生」；正者聖也，已進入聖人品類，離開生硬的修行方式。所以世親菩薩說：「菩薩有九種自成熟……如此九種窮最上位，是名成熟相。」意思是說：菩薩若在上述九方面修煉到爐火純青，就是菩薩自成熟的特徵了。

己二 其義廣說

世親菩薩說：「此九成熟，一一有因有體有業。」所謂因和體，可歸納爲成因和特性；所謂業，則爲作用。彌勒菩薩以九頌一一闡述菩薩九種成熟的成因、特性和業用。

庚一 欲成熟

二　近友聞亦思，勝勇勝究竟，
攝法及受法，說欲成熟相。

對親近善知識、聽聞正法、如法思惟三者生起歡喜意樂，是欲成熟的成因。勇猛精進修習大乘、對不可思議的甚深境界究竟無疑，這兩種殊勝能力是欲成熟的特性。面對老病死等逆境仍能對大乘教義守護不失，對菩薩所說教言生淨信領受；是欲成熟的業用。

世親菩薩解釋「勝勇勝究竟」說：「於一切不思議處究竟無疑。」意思是指在修行時面對不思議處，包括眾生業力、咒力、藥力、佛智、瑜伽士精神活動的境界，即使是這些不能以凡夫的經驗和推理所能理解的事情，絕不因懷疑而退縮；這就是「勝勇勝究竟」。菩薩欲成熟成就，便能受持廣大的大乘教法。

庚二 信成熟

三　如來福智聚，淨心不可壞，
速受定智果，說信成熟相。

對如來的神通三昧功德生起不退轉的信心，是信成熟的特性，而且亦深信能迅速接受諸佛神通三昧的加持。

文中「速受定智果」的智，是指諸佛的六神通；定，指三昧，特別指佛和第十地菩薩的「入首楞嚴三昧」。（註釋115）誠如《能斷金剛般若波羅蜜多經》多次強調；對於意趣大乘的淨信佛弟子，「則爲如來以其佛智悉知是人，則爲如來以其佛眼悉見是人，則爲如來悉覺是人。」令其無障礙速得神通三昧護念加持。世親菩薩就根據這點，認爲佛的福慧圓滿和對佛弟子的承諾，是信成熟的成因。「婆伽婆（即薄伽梵，佛的別號）如是廣說」。佛弟子對如來不會有須臾離棄自己，恆常以神通三昧加持護念自己，生起不退轉的信心，就是信成熟的特性。佛弟子能速得諸佛定智的加持，就是信成熟的業用。

庚三 捨成熟

四　善護於六根，離惡起對治，
樂修諸善法，說捨成熟相。

以念和輕安善巧地守護六根，不受煩惱侵凌，是捨成熟的成因；有能斷除和對治煩惱的特性；無障礙地樂於行持六度善法是其業用。

世親菩薩在《論釋》說：「以念，猗等善護六根，是名捨因。離不善覺起無間道，是名捨體。一切善法恒樂修習，是名捨業。」所謂捨，是捨離煩惱的意思，而捨離煩惱，必須經過修止觀的過程。修行人先修止，透過意識與別境中的念心所相應，憶念經教中所提及被煩惱控制內心的可怕後果，於前後剎那相續守護眼耳鼻舌身意六個根門；尤其是對意根，就要如繫縛狂象一樣（註釋116），經數數修習，便起心輕安，身輕安；這便是「猗」。（註釋117）當修行人跟念和輕安心所相應，便能將染濁的身心轉化成清淨堪可修行六度善法的身心；這便是捨成熟的成因。「起無間道」的意思是指行者在不同修行階段修「止」，在每一次斷除不同程度的各種煩惱時，原則上他要經歷四個階段；分別是加行、無間、解脫和勝進。（註釋118）世親菩薩說「離不善覺起無間道，是名捨體」的意思，是指修行人常在奢摩他無間道的階段中斷除不同程度的不善煩惱，這是捨成熟的特性；而捨成熟的業用是因得身心輕安而堪能修持六度善法。

庚四 悲成熟

五 見諸眾生苦，哀憐離小心，
受身世間勝，說悲成熟相。

菩薩不忍見到眾生受苦，是悲成熟的成因；因大悲心輾轉增上，所以遠離自求涅槃的小乘人心態，這是悲成熟的特性；菩薩投生世間為出類拔萃的人物，廣行利生，是悲成熟的業。

大悲心是大乘菩薩種性的特性；每當見到眾生受苦，祂會情不自禁地生起哀憐悲憫之心。「受身世間勝」的意思是指菩薩的修行境界愈高，大悲心愈增勝。隨著禪定功力和無分別智的增強，菩薩爲了廣行利生，會在三界中投生爲身份顯赫、成就卓越的人物。根據龍樹菩薩在《寶行王正論・出家正行品》說：初地菩薩是四大洲轉輪王，二地是天帝釋，三地是夜摩天天王，四地是兜率天天王，五地是樂變化天天王，六地是掌控欲界的他化自在天天王，七地是初禪天大梵天王，八地是二禪天遍光天梵王，九地是遍淨天梵王，第十地是淨居天梵王。由此觀之，三界九地的統治者，都是菩薩爲了度化眾生的大悲心方便示現。

庚五 忍成熟

六　持性數修習，極苦能安忍，
善根恒樂進，說忍成熟相。

由於秉持大乘種性大忍的力量，並持之數數觀修，這是忍成熟的成因；面對寒熱等極度痛苦亦不動搖、不退轉，這是忍成熟的特性；就算在順境時亦歡喜攝受善法，這是忍成熟的業用。

〈種性品・頌五〉提到大乘種性具有大忍，能忍耐一切難行的菩薩行能力。菩薩就是秉承這種能力，數數修習，養成習慣；這就是忍成熟之成因。世親菩薩在《論釋》說：「持耐忍謂數習成性，是名忍因。能受極風寒等苦，是名忍體。隨勝生處恒修善法，是名忍業。」文中的「勝生處」，是指菩薩因積集勝生安樂福業，故每次投生都在優渥環境下成長，更誠如古德提點說：「荊棘叢中下足易，明月簾下轉身難。」最易忘失正知正念，往往便是得意忘形之時。然菩薩是不會耽著樂境而忽略行善的。

庚六 念成熟

七　報淨善隨順，極入善惡說，

能起大般若，說念成熟相。

前生聞思正法而感召今生暇滿人身，而且諸根具足，聰明睿智，這是念成熟的成因。擅於明辨如理善說及非理邪見，對所聞法義更能憶念不忘；這是念成熟的特性。能引發出般若波羅蜜多，這是念成熟的業用。

「報淨善隨順」，指的是前生聞思教法，感召今生善趣七德：「美妙膚色、形態端正、相貌端莊、人見人愛、沒有病痛、力大能幹和長壽。」（註釋119）世親菩薩說「能生出世般若，是名念業」的意思，是指念成熟除了獲這七種勝生安樂異熟果報外，更因明辨取捨善說正法，能以今生由聞思修所得之有漏智，引發出無漏無分別智，所謂般若波羅蜜多，見、證無上菩提；兼得定善解脫的出世果。

庚七 力成熟

八　二聚界圓滿，果起依最上，

世間得第一，說力成熟相。

菩薩所積累無量的福慧種子充滿在阿賴耶識內，漸次增廣圓滿；這是力成熟的成因；而儲存福慧種子的阿賴耶識，便是轉得無上菩提的「持種依」，這是力成熟的特性；當福慧資糧成熟，便堪成一切眾生最殊勝者，具足威力隨願成辦利生事業。

「二聚界圓滿」的二聚，是指福慧二資糧種子；界，指的是阿賴耶識。世親菩薩說：「福智二聚種子充滿，是名力因。」福慧二善種子儲存在溫濕的阿賴耶上而得以增廣圓滿；這是力成熟的成因。「果起依最上」的意思是：福慧資糧種子與阿賴耶識關係匪淺，因爲由積聚無量福慧種子而最終轉得無上菩提，阿賴耶是「持種依」（註釋120）；誠如《論釋》說：「能得最上依止，是名力體。」意思是說，無量福慧種子充滿在行者的阿賴耶識內增廣圓滿；直至轉依無上菩提；這是力成熟的特性。菩薩積聚無量福慧資糧的同時，也懂得讓它們日日增長，被視爲是人中最勝；這是力成熟的業用。

庚八 堅成熟

九　深觀妙法理，諸魔不可奪，
能與異部過，說堅成熟相。

對佛所說大乘教義必經因果窮究，細緻審察，產生勝解；這是堅成熟的成因。經過勝解而對大乘佛法生起淨信，則邪魔外道不能動搖，這是堅成熟的特性。對反對者的任何質疑，能徹底破斥遮止，這是堅成熟的業用。

堅成熟，是指修行人對大乘教法經過理性深刻研究、邏輯考證後，由勝解所以生起淨信。由於淨信佛說的大乘教法，所以能駁斥一切外道的問難，令魔障不能影響自身的修行。

庚九 支成熟

十　所有善根聚，依勤能發起，
離惡及修善，說支成熟相。

能斷除能取、所取的無分別智，需有五種支分助緣：

信、無病、無諂、無誑和智慧。在這五種善根助緣中，信能促使行者積聚無量福慧資糧，這是支成熟的成因。無病是令修行人身體堪能精進行持六度的助緣；這是支成熟的特性。無諂和無誑令行者潔身自愛，遠離罪惡；智慧則令行者圓滿修持六度善行；這三種支分是支成熟的業用。

「支」是指「斷具五支」。修行人見道時所起無分別智，悉能斷除能取、所取時，有五種支分助緣，這五種助緣分別是「支成熟」的成因——信；特性——無病；離惡的作用——無諂、無誑；修善的作用——智慧。一般來說，修行人爲了營造離惡的條件，他必須欣樂靜處；而且做到無諂和無誑，才具備修行人甘於淡泊的條件。諂和誑都是「小隨煩惱心所」；誑是修行人爲了名利供養，自己本來無德卻詐現及四處撞騙，宣揚自己有德；造作出詭詐的行爲，從而影響到自己要依賴邪命過活。同樣都是爲了名利供養，諂則是極力隱藏自己的過失，最後招致無法接受師友教誨的後果。一個真心奉獻此生的修行人，最基本要做到的是不爲名利供養而造作諂誑的行爲，才算得上有決心遠離罪惡。

己三 攝義

庚一 成熟自相續

十一　如此九種物，自熟亦熟他，
增善增法身，如世極親者。

隨著道行在上述九個範圍日趨成熟，菩薩亦能日漸成熟其他有情。隨著六度善根不斷增勝，菩薩對真如法身的了解亦日漸由迷轉悟，菩薩因此而成為眾生殊勝親友。

庚二 成熟之喻

十二　癰熟則堪治，食熟則堪啖；
眾生熟亦爾，二分捨用故。

瘡要成熟，才可經排膿捨去，飯要煮熟，方可以食用；同樣，當眾生內心成熟，能於此五蘊身破除貪等煩惱後，才能享用寂滅之樂。

甚麼是「二分捨用」呢？世親菩薩在《論釋》說：「二分者，一障分，二治分。障熟須捨，如癰熟須潰；治熟須用，如食熟須啖；是名成熟依止。」意思是說：修行人的道行要怎樣才算是夠火候、內心成熟呢？所謂成熟有二部分，一是捨棄需斷的修行障礙；例如於五蘊身觀修無實我，將對「我」的貪執遣除。二是享用對治後的成果，例如對治「實我」後能享用涅槃之樂。前者如瘡熟須潰，後者如食熟須啖。

註釋

115. 如前章〈神通品．頌九〉所云。

116. 如《入菩薩行．護正知品．頌二及頌三》云：「若縱狂象心，受難無間獄。」「念索常執持，繫縛於心象，得離放逸怖，獲一切福善。」

117. 輕安屬善心所，能令身心遠離粗重，調暢輕快，適悅安樂；有能力修持善法；將染濁身心轉化成清淨身心。

118. 如世親菩薩在《俱舍論．卷二十五》云：「加行道者，謂從此後無間道生。無間道者，謂此能斷所應斷障。解脫道者，謂已解脫所應斷障最初所生。勝進者，謂三餘道（再開展斷除下個煩惱障、所知障的加行、無間、解脫三個階段）。」T29n1558_P0132a08

119. 《寶行王正論．出家正行品．頌八十五》：「勝形貌威德，好色他愛見，無病力辦具，長壽願彼然。」

120. 如《成唯識論．卷三》引《大乘阿毘達磨契經》這樣形容阿賴耶識：「無始時來界，一切法等依；由此有諸趣（輪迴），及涅槃證得。」T31n1585_P0014a13（00）由於第八識能攝持一切染淨種子，無漏智在成佛時轉捨染法所依的有漏阿賴耶識，轉得純善無漏的「大圓鏡智相應心品」，得大菩提。所以在成佛轉依過程中，第八識稱為「持種依」。此外，十地菩薩因斷盡二障，徹底改變對真如的迷執，所以此時真如稱「迷悟依」，修行人因而得大涅槃。

應用思考問題

1. 所謂成熟，是指修行人道行到家；而彌勒菩薩將〈成熟品〉與〈真實品〉、〈神通品〉同列入「所思惟」，囑咐修行人時刻繫念，就能嚐到大乘教法的法味。試將這三品總體地作一闡述，總括出何謂「大乘法味」。
2. 修行人應每日反省自己修行是否達標，到達水準。彌勒菩薩就列出九個範疇：欲、信、捨、悲、忍、念、力、堅和支具；若達上品，就算自成熟，試以白話大略解釋。
3. 何謂「勝勇勝究竟」？何者是欲成熟的成因、特性和業用？試以白話依頌二說明。
4. 何謂「速受定智果」？為何說信成熟是行者對佛的神通大能深信不疑，並感到佛是須臾不離地加持護念自身？試依頌三說明。
5. 世親菩薩以念和輕安來善護六根說為捨成熟之成因，又以斷煩惱障的無間道為捨成熟的特性。由此可見，捨成熟是與修行人以「止觀」來斷除煩惱的造詣有關，試依頌四詳明之。
6. 當修行人的悲成熟達標，又是加行位或以上階位的菩薩，祂會為了利益廣大眾生而投生成人王，甚至六欲天、四禪天的天王；這是「受身世間勝」的意思。試依頌五詳言之。
7. 根據〈種性品〉頌五說，大乘菩薩生而有大悲、大忍、大行和大智這四種本性，無論在任何生活環境下，也堅持奉行佛道，例如在逆境中也能安忍而不從俗流；順境時，仍依舊奉持善法，不染世樂。試依頌六說明。

8. 「念」是對往昔的經驗能憶持不忘，例如將聞思經教、奉行福慧的記憶，都牢記於心。於是前世的修行果報，今生成熟，例如天賦有善趣七德，而且在修行上更能漸次引生般若智慧。試依頌七說明。

9. 修行人的福慧資糧儲存在溫室般的阿賴耶識中；一直增上圓滿，直到成佛。這實與阿賴耶識息息相關，例如「二聚界圓滿」。為何阿賴耶識稱為「界」？何謂「果起依最上」？試依頌八說明。

10. 能勝解大乘佛法，不被諸魔動搖；能破斥一切反對者的異見，是堅成熟。試依頌九說明。

11. 無分別智有哪五種支分助緣？修行人要遠離罪惡，為何一定要具備無諂無誑的美德？試依頌十說明。

12. 為何菩薩具備九種成熟，就能增善增法身，成為眾生最好的善知識？法身不生不滅，不應說有「增」這回事，「增法身」又是甚麼意思？

13. 彌勒菩薩如何以瘡熟則排膿、食熟則堪啖來比喻斷二障，享寂樂的修道成熟情況？試依頌十二說明。

《大乘莊嚴經論》第15講

上堂提到「成熟」是指修行人福慧資糧達致無漏無分別智的生起，所謂正性離生；位列賢聖之流，同時，自利利他的修行亦離開生硬的方式，在處理世、出世事務時，不會處處碰釘撞板，違越戒律。所以彌勒菩薩在「所思惟」的三章節，都是描述初地及以上階位菩薩的境界，這些境界充滿著大乘法味。與其說志趣大乘的修行人尚有所欲，尚有所求；不如說他們所欲所求就是現見法身眞如、具足神通和令自他成熟。

今堂提到菩薩有三種令他成熟相：一、位大：菩薩能安置有情於勝生安樂及定善解脫之中，無論有情屬大乘或小乘何等根器，菩薩都能令他成熟。二、品大：菩薩能安置趣向大乘的修行者於三種品位，下根者安置於信行地，中根者安置於前七地，上根者安置於三淨地。三、時大：只要虛空和眾生未盡，菩薩令他成熟的方便亦無有窮盡。「善趣及三乘，大悲有三品，盡於未來際，如是熟眾生」。菩薩又能以八種方式令他成熟：令一切有情捨離煩惱，是捨成熟；能因應眾生不同根器，分別以大小乘教法普度有情，是普成熟；能按步就班先教眾生得勝生安樂果，後獲定善解脫果，是勝成熟；能因應眾生不同福慧程度而說法度化，是隨成熟；不分親疏，常以善念教人修學佛法，是善成熟；能令有情生起無漏無分別智，現見法身眞如，是得定熟；能令修行人得滅盡定和十自在，永不退轉，是常成熟；能令第八地菩薩地地勝進，得無上菩提，是漸成熟。「捨普勝隨喜，得常漸爲八；如此諸成熟，是說差別種」。此外，彌勒菩薩又強調：如果菩薩要令他成熟，最重要是自己先具備捨棄自愛，但爲愛他的情操。「菩薩自愛捨，但爲愛他故」。再嚴謹地要求自他奉持十善業道；以這兩事爲大前提，然後以六度令眾生現世和未來世得益，才可圓滿地令他成熟事業。但我們要注意，畢竟娑婆世界的眾生剛強難化，末法時期的修行人往往顯得有心無力，所以往後有寂天菩薩提出六度依心的說法：修行人若做好本份，抓緊自心，便不必計較得失成果。「心樂與眾生，身財及果德，依此施度圓，故施唯依心。逐魚至何方，始得不遭傷？斷盡惡心時，說爲戒度圓。頑者如虛空，豈能盡制彼？若息此嗔心，則同滅眾敵。大地量無邊，何皮而能蓋？片革墊靴底，即同覆大地。如是吾不克，盡制諸外敵；吾應制此心，何勞制其餘？生一明定心，亦得梵天果；身口業縱善，心弱難成就。雖久習念誦，及餘眾苦行，然心散他處，佛說彼無益。若不知此心，奧祕法中尊，求樂或避苦，無義終飄泊」。

戊二 令他成熟

己一 種類差別

十三　捨普勝隨善，得常漸為八；
如此諸成熟，是說差別種。

令他成熟有八種：捨成熟、普成熟、勝成熟、隨成熟、善成熟、得成熟、常成熟和漸成熟。

菩薩除了自身有九種道行夠火候的表徵外，在教化有情時，下列八方面表現亦合乎水準，這就證明祂是位合格的善知識。世親菩薩在《論釋》說：「成熟他相有八種：一者捨成熟，令滅煩惱故；二者普成熟，化以三乘故；三者勝成熟，過外道法故；四者隨成熟，應機說故；五者善成熟，心恭敬故；六者得成熟，令不倒解故；七者常成熟，令永不退故；八者漸成熟，令次第增長故。」令一切有情捨離煩惱，是捨成熟。以聲聞、緣覺和菩薩三乘教法度化有情，是普成熟。不似外道般只令眾生取得勝生安樂便滿足，而是以佛法令眾生除了能勝生安樂，復能定善解脫而令他成熟，是勝成熟。能因應眾生不同福慧程度而說法度化，是隨成熟。不分親疏，常以善念勸人學佛，是善成熟。能安置有情於見道位，令其生起無漏智，正性離生，是得成熟。能令修行人得滅盡定和十自在，永不退轉，是常成熟。能令第八地菩薩地地勝進，得無上菩提，是漸成熟。明顯地，菩薩八種令他成熟中，前五種令凡夫成熟，後三種則令地上菩薩成熟。

世親菩薩說：「已說成熟差別，次說成熟心勝。」

己二 利他動機殊勝

十四　利子及利親，利己三利勝；
菩薩利一切，過彼勝無比。

世間人利益子女、親人和自己三種自利之心最強烈；然而菩薩利益一切眾生的殊勝意樂及能力，是世人三種自私之心所不能比擬。

世親菩薩接著說：「問此殊勝利他之心云何成立？」爲何菩薩的大愛勝過世人自私之愛？

十五　世間不自愛，何況能愛他？
菩薩自愛捨，但為愛他故。

世人雖極愛護自己，但終不能令自己處身安樂之中；又何以能利益自己的親眷？然而菩薩捨棄自愛但為愛他，故能幫助眾生帶來快樂。

世人不知道唯一能取得樂果的方法是奉行十善業道，而且有效地奉行十善業道，起碼要有不損人而利己的心；要做到不損人又利己卻是世人只知自愛的心態下欠奉的。縱然世人不想受苦，但他們只知自愛的自私心往往驅使他們造作損人以利己的十不善業；最後招感苦果。所以在這情況下，猶如在曠野迷失的瞎子一樣；世人只知自愛的心既不能令自己安樂，哪能爲身邊的親眷帶來快樂呢？相反，菩薩的二利精神，表面上捨棄自利而利他，世人總是覺得祂們很愚蠢，但菩薩追求的不是面前蠅頭小利，而是人生最大的樂果——大涅槃。誠如本論〈二利品・頌八〉

說：「世間求自樂，不樂恆極苦；菩薩勤樂他，二利成上樂。」愚者永遠都只是在追求自身的快樂，他們非但得不到快樂，反而徒增種種痛苦。然而智者所做的，畢竟全都是爲了利益他人出發，結果自他的目的都可達成，終獲解脫。

己三 如何令他成熟

庚一 奉行六度令他成熟

辛一 布施度令他成熟

十六　身財一切捨，平等及無厭，
所乏令充足，安立於善根。

菩薩絕不擁有不能給施別人的身體和財產；祂給施時不會親疏有別，亦勇猛無厭地進行給施；現在能滿足眾生的貧匱，未來更安立眾生於善根中。

世親菩薩說：「檀有三種；一資生檀，內外身財一切捨故；二平等檀，於諸施田離高下故；三無厭檀，勇猛恆施不疲倦故。」檀，是布施的梵文音譯，意思是指布施有三種：布施自己擁有的一切、平等布施和無厭足地布施。此外，世親菩薩更認爲，這三種布施不但令受施者現在得到滿足；藉著這布施的功德，還爲受施者種下未來解脫的善根。

辛二 持戒度令他成熟

十七　常與性及滿，自樂不放逸
引入於戒足，二果常無盡。

菩薩有五種戒——常戒、自性戒、圓滿戒、自樂戒和不放逸戒。菩薩以此五戒令眾生於現世轉惡向善；更於未來世享得人身的異熟果和持續守戒的等流果。

世親菩薩說：「菩薩有五種尸羅，一者常尸羅：生生常有故。」尸羅是戒的梵文音譯。因爲菩薩恆常以救世爲己任，所以虛空尚存，輪迴未盡；祂們恆常持守戒律，並教眾生持守戒律。「二者自性尸羅：無功用心住眞實體故」。由於十地菩薩持戒的道行爐火純青，加上平日「心根安法界」，隨順眞如理修行，所以持戒時能毫不費力地斷惡修善，饒益有情。「三者圓滿尸羅：十善業道皆具足故，如《十地經》說」。《十地經》說：無論人天、聲聞、獨覺和菩薩，都是以修持十善業道來成就勝生安樂和定善解脫。經文這樣形容菩薩五道十地中持十善業道如何圓滿：「若有心廣無量，具悲愍方便，立大誓願，不捨眾生，求諸佛廣大智慧，修治清淨十善業道，能淨治菩薩諸地，修一切諸度，成就菩薩極廣大行。」（註釋121）「四者自樂尸羅，恆自愛樂故」。地上菩薩現見眞如法身後，正性離生；脫離持戒生硬的弊病；悠然自得地離惡行善。例如第二地菩薩猶如秋月清暉般皎潔光明，又能放光消除眾生燥熱煩惱，祂雖不再是凡夫俗子，但能爲凡夫俗子作爲模範。這就是菩薩以自樂戒來令眾生持戒成熟的例證。（註釋122）「五者不放逸戒尸羅，念念無犯故」。菩薩教眾生防止應斷的惡法，令其不生；修持應修的善法，令其增長。如此令一切善法，成就圓滿。

持戒度令眾生「於現在世安立戒品，於未來世令依報二果功德無絕」。意思是說：眾生若遵行持戒度而得成熟，除了現世轉心向善，精進持戒外，未來世亦感得善趣身，例如生而爲人的異熟果；而其持戒成就的等流果是生生世世都恆常持戒。所以月稱菩薩形容這種等流果功德：「尸羅田中長功德，受用果利永無竭。」（註釋123）二果，就是指得人身的異熟果和持續守戒的等流果。

辛三 安忍度令他成熟

十八　不益得益想，極忍解方便；
令彼起隨順，及種諸善根。

就算別人傷害菩薩，菩薩也會視對方為施主；甚至對極大的傷害也能安忍。由於菩薩精通各種方便，故能逐漸引領彼害者回心轉意，歸向隨順；並在其內心種下行善的種子。

辛四 精進度令他成熟

十九　久劫行上勤，利物心無退；
令生一念善，況欲善無量？

菩薩經歷億萬劫心無退轉地利益無邊眾生，現世為了令眾生生起一念善心，也尚且如此精進；何況未來成佛後能令眾生增長無量善根呢？

辛五 禪定度令他成熟

二十　得上自在禪，離染及見慢；

現在令歸向，未來善法增。

菩薩因為所得禪定遠離愛、見、慢等，故為最上自在。以如是禪定，現世令眾生捨離煩惱，歸向佛法，未來亦令彼增長一切善根。

第八地菩薩的禪定波羅蜜多能引發十自在，除了令自己遠離我愛、我見和我慢外；智自在還能以神通令未聞「佛」名的眾生得聞佛名，生起淨信，並能變現淨土，令他們命終投生淨土，增長善根。（註釋124）

辛六 智慧度令他成熟

二十一　知真及知意，能斷一切疑；
於法令恭敬，自他功德滿。

自己完全明白真如甚深義理和眾生的虛妄分別情況，故能釋除眾生對佛法的一切疑惑；因而令眾生對佛法生起恭敬，自他的福善亦隨之增長圓滿。

世親菩薩說：「知眞者，解法不顚倒故；知意者，了達眾生心行斷彼疑故。」所謂眞故離妄，不顛倒也。菩薩見法身眞如，認識眞如甚深道理後，才知道甚麼是眞，甚麼是虛妄；由迷成悟；所以盡能釋除自他對佛所說法產生的疑惑，故於現世令眾生知佛說非妄，因而生尊敬；並於眾生心中種下無漏智種，未來亦因此而生起無漏智，自他均得定善解脫妙果。

庚二 攝義

二十二　善趣及三乘，大悲有三品，
盡於未來際，如是熟眾生。

菩薩令他成熟，能安置眾生於善趣及三乘之中；復能以大悲安置大乘修行人，上根者於清淨三地，中根者初地至七地，下根者資糧、加行二位；此外，菩薩盡未來際會相續不斷地令眾生成熟；菩薩如是以位大、品大和時大利益眾生，是名大成熟相。

註釋

121. 見《華嚴經・十地品・第二十六・二離垢地》。

122. 誠如月稱菩薩《入中論・離垢地・頌十》說：「佛子月放離垢光，非諸有攝有中祥；猶如秋季月光明，能除眾生意熱惱。」

123. 《入中論・離垢地・頌六》。

124. 見前〈神通品・頌七〉。

應用思考問題

1. 試依頌十三，以白話說明菩薩八種令他成熟的類別。為甚麼說修行人若能在這八種令他成熟達乎水準，就堪稱為合格的善知識？
2. 世人愛子愛親愛己之心很強烈，可是縱能機關算盡，仍不確保能為自己和親眷謀得幸福。反不如菩薩因捨棄自愛，除了為他人帶來幸福，自己最終也能完成定善解脫之大樂。所以令他成熟的先決條件是棄捨自愛，動機純然利他。試依頌十四及十五與及〈二利品〉頌八說明這道理。
3. 菩薩令他成熟的方法，不外行持六度。試以白話依頌十六至頌二十一略述之。
4. 菩薩行持六度的要旨，除了令眾生現世得益，尤重眾生於未來得益；而眾生未來世最大的利益就是得到定善解脫。試以白話依頌十六至頌二十一說明。
5. 世親菩薩說布施就要將內外身財一切放下用來布施，而龍樹菩薩則主張內外財施之外，世間一切無主之物，如別人有需要亦可無條件取用。寂天菩薩更主張除有形之內外財施外，自身無形的福德亦要拿出來迴向有情。試依三位賢聖所述，將布施內容列表闡述。（提示：《寶行王正論・出家正行品・頌九十五》：「如地水火風，野藥及林樹（包括自身所有）；如他欲受用，願我自忍受。」《入菩薩行・護正知品》：「心樂與眾生，身財及果德，依此施度圓，故施唯依心。」）

6. 試依頌十七說明五種戒律，並解釋「二果常無盡」的意思。
7. 試依頌十八說明菩薩如何以安忍令他成熟，並說明其中二世——現世和未來的利益。
8. 何謂精進？依頌十九說明並列出其對眾生的利益。
9. 何以見得以禪定度令他成熟，必定要具備第八地菩薩或以上的能耐？試依頌二十說明。
10. 依世親菩薩《論釋》，何謂知真及知意？西藏譯本將「知意」指為佛以密意向不同根器的眾生說了義和不了義教法，與世親菩薩將知意解釋為「了達眾生心行」並無矛盾。試分別說明。
11. 何以唯有是諸佛的般若後得智才有如此能耐令他成熟？試依頌二十一說明。
12. 試依頌二十二，以位大、品大和時大三種菩薩大成熟相，說明大乘菩薩令他成熟的殊勝。

《大乘莊嚴經論》第16講

彌勒菩薩以五義貫串全本《大乘莊嚴經論》：以〈成宗品〉令修行人相信大乘佛經是佛說，是爲信向義；繼而以〈皈依品〉、〈種性品〉、〈發心品〉和〈二利品〉令修行人對修學大乘充滿信心；當抉擇出大乘確比二乘殊勝後，便一往無前走成佛之路，行菩薩行，是爲受教義；又爲了教導修行大乘者應時刻思惟大乘法味，例如諸法眞實義、矢志於獲得神通和提升自利利他的道行達臻圓滿而說〈眞實品〉、〈神通品〉和〈成熟品〉，這就是思惟義。往後修習義則以〈菩提品〉述說佛內證眞如所獲得不可思議的佛果體驗。最後是證得義，透過〈明信品〉等十四章節，彌勒菩薩將如何陸續實現圓滿獲得佛果的修行次第和地道功德，娓娓道出。世親菩薩將第四個修習義和第五個證得義的先後次序作了一個比喻：前面〈菩提品〉就好像國王頒下詔令賞賜某功臣，臣子雖未即時領到賞賜，但深信稍後這些賞賜必會到手，因此很開心。後面由〈明信品〉至〈敬佛品〉等十四品，就如臣子陸續收到國王賞賜禮物一樣；所以彌勒菩薩以「解文喻」來形容臣子從信中得悉國王會將甚麼寶貝賞賜給自己；而以「開寶篋」來形容國王所賞賜的寶物就藏在寶篋內，要修行人親自陸續由〈明信品〉到〈敬佛品〉各階段的修行次第中，從寶篋裏撿出各種寶藏；就是「證得」。

今堂，彌勒菩薩首先指出，獲得佛果殊不容易，要經三大阿僧祇劫的修行，要面對無數的艱難考驗，要積集無量福慧資糧，要斷盡煩惱障和所知障二障習氣。「一切難已行，一切善已集，一切時已度；一切障已斷，成就一切種，此即爲佛身」。話雖如此，彌勒菩薩勸勉修行人要有「佛道無上誓願成」的氣魄；當你依次修習，佛果就會如打開了滿載珠寶的寶篋一樣，輝煌莊嚴。「譬如大篋開，眾寶無不現」！彌勒菩薩接著分析佛果的特徵；指出無論是能證的佛智和所證的眞如，都不是凡夫以名言能捉、耳目能見的境界。其次，佛果具足二利圓滿。佛能證得無上菩提，具足自利圓滿；復能向眾生傳講如何達致無上菩提的方法，令一切眾生增長善根，具足利他圓滿。第三，諸佛是三界眾生最殊勝的皈依處。這是因爲諸佛恆常離於眾生三種染污；所以諸佛本身已具備成辦自利條件，堪成三界眾生皈依怙主。「諸佛常救護，眾生三染污，諸惑諸惡行，及以生老死」。此外，當眾生遭遇危難時，又或下墮三惡趣時，盲修瞎煉淪為外道時，執取五蘊身為我時，小乘人迴小向大時，諸佛悉能以種種方便去救護他們，所以佛具備成辦利他的條件。由於這兩種自他救護能力均具備，諸佛堪稱是三界眾生的無上皈依處。「佛為勝歸處，無比故無上，如前種種畏，無不令脫者」。

接著是第四轉依功德——如何將有漏生命捨棄，轉得成無漏的生命。所謂轉依，是指第十地菩薩完成三大阿僧祇劫的修行，積聚無量福慧資糧，最後以「無得不思議」這種極清淨出世智道，亦即無漏無分別根本智，和無邊所識境界智道，亦即無漏有分別後得智，將無始以來隨逐行者生死流轉的煩惱障和所知障種子捨離，顯得大涅槃和生得大菩提這兩種無漏究竟圓滿白法，成就佛果。「二障種恆隨，彼滅極廣斷；白法圓滿故，依轉二道成」。

第十　菩提品

丙四 不可思議無上菩提：〈菩提品〉

丁一 略說菩薩所獲得的無上菩提

一、二　**一切難已行，一切善已集，**
一切時已度；一切障已斷，
成就一切種，此即為佛身。

菩薩經歷三大阿僧祇劫的修行，若能通過無數的考驗，積聚無量的善根；當斷盡煩惱障和所知障的極微細習氣時，便成就一切相智，這一切相智就是佛身。我將向你們宣說〈菩提品〉有關佛身的境界。

一切相智，是指構成佛報身和化身的大菩提，包括大圓鏡智、平等性智、妙觀察智和成所作智。一切相智由斷所知障而來。而十地菩薩因斷除了煩惱障，徹底通達眞如，得大涅槃；並以眞如爲自性身，稱爲法身眞如。嚴格來說，佛身是由大菩提和大涅槃而來。

三　**一切難已行，一切善已集；**
一切時已度；一切障已斷，
成就一切種，譬如大篋開，
眾寶無不現。

下一節由〈明信品〉至〈敬佛品〉等十四品，我會告訴你們：菩薩經歷無數極度苦難的考驗，積集無量的善因，歷劫以來斷除無數的煩惱障和所知障；於十地修行期間漸次斷盡最微細的二障習氣；最後，佛果——無上菩提——就像一箱打開了載滿珠寶的寶篋一樣，輝煌莊嚴。但你們得親身修行，逐一自行開啟。

世親菩薩在《論釋》中提到圓滿無上菩提可包含三種意義：「成就一切種者，謂至得分別，從此以後成就一切種相智故。此即爲佛身者，謂自性分別，即說一切種智爲佛身故。譬如大篋開，衆寶無不現者，謂譬喻分別，不可思議菩提分寶皆現前故。」意思是說：無上菩提是指佛已斷證圓滿，獲得一切相智。這種佛智亦即佛身；而無上菩提可以用一箱打開了的寶篋，內裏各種寶物即呈現眼前作比喻，故此頌文以「一切障已斷，成就一切種」的佛智爲主詞，頌一和二是說明「佛智即佛身」。頌三亦以「一切障已斷，成就一切種」的佛智爲主詞，佛智就好像打開了的一箱寶篋，能令宛如寶篋裏每件寶物乍現，修行人藉以可現觀到無上菩提的內涵。在此老拙依梵文英譯本校勘唐譯本，並依世親菩薩指出的「三義分別」，將頌一至頌三重新調整。此外，彌勒菩薩以〈菩提品〉將佛果境界告知未得佛果的大乘修行人，然後再以〈明信品〉等十四品說明有關修行成佛的次第。世親菩薩作了一個譬喻：〈菩提品〉就好像國王頒令賞賜某功臣，然而賞賜仍未到手；而〈明信品〉等就像功臣陸續收到國王賞賜禮物一樣。

丁二 廣說無上菩提（佛果）之自性

戊一 以十種功德差別總說

己一 不可思議之功德

四　白法為佛身，非無亦非有；

雖然說佛斷證修行圓滿，成就佛身，但不能說這些斷證修行就是佛身；因為佛身是遠離非有非無這些分別的。

世親菩薩說：「白法爲佛身者，轉六波羅蜜等一切善法爲佛體故。」佛體即佛身，一切善法專指例如六度等能對治煩惱的大乘教法，這些教法能讓我們達致無上菩提；但要留意的是，不要執取這些修法就是無上菩提，錯把手段變成目的。誠如佛在《能斷金剛般若波羅蜜多經》說：「如來昔於然燈如來、應、正等覺所，無有少法能證阿耨多羅三藐三菩提。」爲甚麼呢？因爲能證得無上菩提的般若波羅蜜多，本身是一種無漏無分別智；換言之，當般若波羅蜜多起作用時，一定是無能取和所取的，所以無論修行人見道，地地勝進，甚至到最後心入金剛喻定成就無上菩提時，一定先經過根本定，以無分別智斷除每個修證階段特別的煩惱障和所知障，倘若當時有法我相想、人我相想，例如能取的白法、所取的佛身時，就會引發或粗或細的二障現行。所以，釋尊說當時仍是八地菩薩的祂，如果執有一些白法能證得無上菩提，那麼自己便連第八地菩薩也做不成，然燈佛也不會爲祂授記。所以無論是「白法」、「佛身」都不執爲「實有」、「實無」。

世親菩薩解釋佛身「非無亦非有」時說：「此體非無，何以故？眞如無別故。亦復非有，何以故？自性不成就故。」意思是說：佛身以眞如爲自性身，所以非無；但由於前面提到能取的白法與所取的佛身不能執爲實有，不能將佛身自性化，所以非有。

己二 二利圓滿之功德

五　佛為法寶因，法則善根因；
如藏亦如雲；

佛身是成就二利圓滿的因，法寶則能生長一切眾生的善根；猶如寶藏是珠寶首飾，雨雲是莊稼收成的因一樣。

「二利圓滿」，指佛能證無上菩提，具足自利圓滿；佛復能傳講如何達致無上菩提的方法，令一切眾生增長善根，故具足利他圓滿。彌勒菩薩以寶藏和雨雲為喻，說明自利圓滿的佛身能出生無量教法，猶如寶藏能生產很多珠寶首飾；利他圓滿的法寶能降下法雨，令眾生善根增長，猶如雨水滋潤莊稼，促進收成。

六　具法亦離法，如藏亦如雲；
生法雨法雨，故成如是譬。

法身真如——無上菩提的本體——與諸法存在著不一不異的關係。法身真如能流出無量廣大教法，但它不等於這些教法。猶如寶藏能生產出無數的珠寶首飾，但寶藏絕不等於這些珠寶首飾。法身真如又如雨雲，為具廣大福德的眾生降下盛密、易解和無盡法雨；成為白法無漏智種子增長之因。

彌勒菩薩接著介紹無上皈依。

己三 最勝皈依處之功德

庚一 成就自利

七　諸佛常救護，眾生三染污，
諸惑諸惡行，及以生老死。

由於法身真如恆常離開眾生三種染污：煩惱染污、惡行染污和老死染污；在究竟意義來說，諸佛恆常救護自他離開上述三種染污，由於這個原因，諸佛已成辦自利。

世親菩薩在《論釋》說：「諸佛常救護者，由畢竟救護故。」又說：「問云何救護？答於此三種眾生一切時救護不捨，即是畢竟義。」根據唯識瑜伽士的說法：作爲法身眞如的同義詞——圓成實性，常遠離與煩惱染污、業染污和生染污同義的遍計所執；所以如果修行人能見法身眞如，做到「心根安法界」的話，這種修行方式恆常得到諸佛救護，亦相當於中國禪宗六祖所謂「自性自度」。（註釋125）

庚二 成辦他利

八　諸災及惡趣，身見亦小乘；
如是諸眾生，一切皆救護。

成佛後，諸佛對於受災者、惡趣、外道、身見者、小乘人作出救護，成為最勝皈依處。

當眾生遭遇危難時，下墮三惡趣時，成爲外道盲修瞎煉，例如修極端苦行時，執取五蘊身爲我時，當小乘人福德具備迴向大乘時，佛悉能以爲便利別人而設立的方法去救護他們。

庚三 由前兩種原因確信佛是無比皈依處

九　佛為勝歸處，無比故無上；
如前種種畏，無不令脫者。

佛因為在救護眾生上無與倫比，故為無上皈依處。例如那些遭逢厄難，內心恐懼者；那些囿於身見者、墮入小乘者、盲修非解脫方便者和在惡趣受苦者，均蒙佛加被；令他們在生死輪迴中免受煩惱和業障的迫陵，得到徹底的救護。

十　諸佛善滿身，一切世間勝；
妙法化眾生，以度悲海故。

為甚麼諸佛是最勝皈依處？諸佛已圓滿法報化三身，並以妙法度化眾生，以大悲護念他們，讓眾生渡過生死苦海。由於諸佛具有上述究竟二利功德，所以諸佛是三界中最殊勝皈依處。

十一　盡於未來際，普及一切生，
恆時利益彼，是說皈依大。

只要世間尚存，諸佛是一切眾生的最大皈依處；因為祂令一切眾生最後都能滅盡一切惡，帶來圓滿福慧。

為甚麼諸佛是世間最大皈依處？世親菩薩《論釋》說：「此偈顯皈依大。大有三義：一者時大，窮一切眾生生死際故；二者境大，以一切眾生為境故；三者事大，恆時作利益救脫其苦令出離故。」

己四 轉依之功德

庚一 解說轉依

十二　二障種恆隨，彼滅極廣斷；
白法圓滿故，依轉二道成。

所謂轉依，是將無始輪迴以來隨逐著修行人的煩惱障和所知障的種子捨離，顯得大涅槃和生得大菩提這兩種無漏究竟圓滿白法，成就佛果。這種轉依是透過修行人本身極清淨出世智道，亦即無漏無分別根本智，和無邊所識境界智道，亦即無漏有分別後得智，來達致圓滿。

依世親菩薩《三十頌》，所謂轉依（註釋126），是第十地菩薩完成修習位，以「無得不思議」之出世間智，斷捨極微細的所知障有漏種子，轉捨有漏的八識，轉得無漏的八識；而無漏八識一旦生起，便相續流轉；當中無漏第八識與其慧心所，合稱大圓鏡智相應心品，除統攝一切無漏種子外，還能現佛果正報——報身中自受用身和報土，及佛果依報——自受用身和報土的一切受用諸法。無漏第七識與其慧心所，合稱平等性智相應心品，能示現種種他受用身，他受用土；並爲妙觀察智及無住涅槃所依。無漏第六識與其慧心所，合稱妙觀察智相應心品，如〈神通品〉所述，能起種種遊戲三昧、神通變化；說一切法，斷一切疑。無漏前五識與其慧心所，合稱成所作智相應心品，能爲具足福德的凡夫示現種種變化身、變化土。此外，十地菩薩由斷極微細煩惱障種子而令自性清淨法界從覆障遮蔽中顯現，這自性清淨法界亦即宇宙實體；爲一切眾生共依，諸佛共證的眞如；這另一種轉依稱大涅槃。自此，佛以眞如爲自性身——法身眞如，其土爲法性土，就如虛空般遍一切處。總言之，修行人由斷微細二障習氣，顯得大涅槃，生得大菩提；這兩種就是圓滿的白法，稱爲佛果，或無上菩提。

世親菩薩在《論釋》說：「二障種恆隨，彼滅極廣斷者，此明所治遠離。謂煩惱障、智（所知）障二種種子，無始已來恆時隨逐。今得永滅極者，一切地廣者，一切種此皆斷故。」意思是說：在成佛轉依過程中，菩薩要斷捨的是無始生死以來所積聚的煩惱障和所知障；由於菩薩地地勝進修行，將二障損之又損，經歷三大阿僧祇劫，最後將所有二障包括極微細的習氣也斷除。所知障在《現觀莊嚴論》來說是法執，月稱菩薩則認爲是執外境——實、無實法——爲實有的一種深層次和習慣性的習氣。在《能斷金剛般若波羅蜜多經》來說，是將我相想向外推而形成有情、命者、士夫和補特伽羅相想的一種虛妄顚倒。世親菩薩又說：「白法圓滿故，依轉二道成者，此明能治成就。謂佛體（三身）與最上圓滿白法（大涅槃和大菩提）相應；爾時依轉得二道成就。一得極清淨出世智道，二得無邊所識境界智道。」意思是說：透過修煉得到能伏斷二障種子的二道，後來唯識瑜伽士稱之爲無漏無分別根本智的極清淨出世智道，和無漏有分別後得智的無邊所識境界智道；顯得大涅槃和生得大菩提。這二種最上圓滿白法，成就具足法報化三身的佛體。

註釋

125. 《六祖大師法寶壇經・傳香懺悔》云：「善知識，大家豈不道眾生無邊誓願度。恁麼道，且不是惠能度。善知識，心中眾生，所謂邪迷心，誑妄心，不善心，嫉妒心，惡毒心，如是等心盡是眾生；各須自性自度，是名真度。何名自性自度？即自心中邪見煩惱愚癡眾生，將正見度；既有正見，使般若智打破愚癡迷妄眾生，各各自度。」

126. 《唯識三十頌・頌二十九》云：「無得不思議，是出世間智，捨二粗重故，便證得轉依。」

應用思考問題

1. 彌勒菩薩的《大乘莊嚴經論》中以解文喻，在信中得悉喜訊來譬喻〈菩提品〉，意指彌勒菩薩在〈菩提品〉中將體驗佛果的經驗，傳授給尚未獲佛果的修行人，令修行人明白現在雖未證佛果；但若是依教奉行，不久必獲證不可思議的佛果。並以「解文喻」來譬喻大乘修習者預先知道，將來成就佛果時會有甚麼功德。下文〈明信品〉等十四品則以「開寶篋」為喻，述說如何達臻佛果的修行次第。試依世親菩薩以國王賞賜功臣為喻，說明彌勒菩薩怎樣安排〈菩提品〉和〈明信品〉等十四品先後次序，作一詳細闡述。

2. 頌一和二是描述如果修行人依教長期修行，經歷無數考驗，最後斷盡二障，成就佛果，是描述〈菩提品〉的。頌三的文字雖類似頌一、頌二，但這是描述下文由〈明信品〉至〈敬佛品〉等十四品，說明修行人要獲得無上菩提，便要長時間經歷無數考驗，積集無數善行，最後斷盡二障，成就佛果。這就如打開藏寶箱，逐一檢視箱內各種寶貝。試依你的文字，以白話解釋頌一至頌三。

3. 頌四：「白法為佛身，非無亦非有」中的白法是指斷煩惱障顯得真如的大涅槃；以及斷所知障生得四種佛智的大菩提的修行方法。但無論是所證的真如或能證的佛智，都是離開心識活動，只能用非無亦非有來形容這個佛身。再者，法身真如為宇宙實體，眾生本來面目，故為「非無」；佛智的他受用身和化身，都是無自性，故為「非有」。試依唯識佛身理論解釋頌四。

4. 為何說佛身具有二利圓滿的功德？試依頌五說明。
5. 彌勒菩薩在頌六說：「具法亦離法，如藏亦如雲。」法身真如能流出無量廣大的教法，但法身真如卻不等於這些教法，並舉寶藏和雨雲為喻。試依頌六說明。
6. 彌勒菩薩以頌七至頌十這四頌說明佛果是三界中無上皈依處，請以白話釋之。
7. 頌七中「諸佛常救護，眾生三染污」，何謂三染污？世親菩薩指出：「諸佛常救護者，由畢竟救護故！」這種畢竟救護和禪宗六祖所指「自性自度」，意義相同嗎？
8. 「心根安法界，解念唯分別。」（〈真實品・頌十〉）「諸佛常救護，眾生三染污。」（〈菩提品・頌七〉）「圓成實於彼，常遠離前（遍計所執）性。」（《唯識三十頌・頌二十一》）實是「畢竟救護」最好的注腳。只要修行人念念通達真如理，離於我想法想，諸佛便恆時救護行者內心一切眾生。試寫一文，述說「諸佛不在修行人心外救護自他一切眾生，而是在修行人心內恆常作救護」。
9. 何以見得諸佛是世間三界最大殊勝皈依處？試依頌十一及《論釋》解釋。
10. 何謂轉依？試依頌十二及《唯識三十頌》頌二十九解釋。

《大乘莊嚴經論》第17講

上堂提到第十地菩薩透過轉依，將有漏生命捨離，轉得無漏生命；而這個轉依是以二道── 極清淨出世智道 (根本智)和無邊所識境界智道 (後得智)──將有漏第八識中的有漏煩惱障和所知障種子斷捨；此外又證得眞如的無生道理，由是生得大菩提、顯得大涅槃這兩種圓滿白法；除了成就法報化三身外，更以眞如爲自性身，是爲佛果。「二障種恆隨，彼滅極廣斷；白法圓滿故，依轉二道成」。

今堂繼續講述佛果第五種性質──「周遍」情器世界。由於諸佛以眞如作爲自性身，而眞如是眾生的共依本體；所以說「虛空遍諸色，諸佛遍眾生」。話雖如此，即使佛示現在面前，邪惡的眾生也失諸交臂；猶如在破爛的水瓶中映照不到月亮的倒影。所以眾生必須福德具足，方能值佛出世。「如是眾生過，佛像亦不現」。佛果第六種性質——說法度生的事業能無間地任運成就。諸佛安住於無漏法界，雖遠離人類一切虛妄分別，但仍能無間斷地任運自然說出各種教法，完成各種利生事業。「佛化及佛說，無思亦如是」。第七，佛果功德甚深難測，彌勒菩薩試圖從相顯體，情況就好像從有熱得知火的特性一樣。祂先從「淨」、「染」；「勝」、「劣」；「有」、「無」這三對範疇來檢視佛果相甚深的性質；除了發覺佛的自性身——法身眞如——不能用世間四句，例如「淨」與「不淨」；「體」與「非體」；「有」與「非有」來形容外，在遣除「人我」、「法我」後，法身眞如顯示出有一種「非我的大我」性質：在無自性下兼具一種自性的性質。「清淨空無我，佛說第一我；諸佛我淨故，故佛名大我」。接著，彌勒菩薩告訴大家，我們在現實中好像被無窮無盡的煩惱所煩擾，根深蒂固的無明所遮蔽，沒有一日自在安寧。但事實上，我們只要好像冷卻熱鐵和治療翳眼一樣對治得法，灼熱亦可變冰涼，重影皆可立時療癒。煩惱障和所知障從來就只是客塵，我們生命的本質畢竟本自清淨。「譬如鐵熱息，譬如眼翳除，心智息亦爾」。

最後，彌勒菩薩解答質疑：既然諸佛都以眞如為自性身，理論上眞如應該只得一個，究竟作爲眞如的同義詞——法身眞如是一或多？答案是：佛果處甚深，非一亦非多。因爲諸佛共同依於眞如而爲自性身，所以非多；但諸佛在往昔因地經歷三大阿僧祇劫，各自圓滿菩薩道地功德，轉依成佛時各有三身正報依報，所以非一。「諸佛無漏界，非一亦非多；前身隨順故，非身如空故」。

庚二 宣說彼殊勝之理

辛一 解說如來之轉依勝過二乘之理

十三　彼處如來住，不動如山王，
尚悲樂滅人，況著諸有者。

轉依後，如來住於宛如須彌山王的真如法界處觀察這個世界，對只求自利寂滅的二乘人尚存憐憫，何況是執著世間的眾生呢？

辛二 如來轉依之十種功德

十四　他利及無上，不轉及不生，
廣大與無二，無住亦平等，

殊勝與遍授，是說如來轉；
顯示十功德，差別義應知。

如來轉依有十種功德：一、**他利轉**：以利益有情而轉依；二、**無上轉**：超勝過世間和二乘的轉依；三、**不轉轉**：永不再趨入煩惱之因的轉依；四、**不生轉**：如來轉依後永不再入生死界。五、**廣大轉**：如來轉依能顯得大涅槃和生得大菩提；功德至為廣大。六、**無二轉**：如來轉依能證入輪迴與涅槃平等無二的境界。七、**無住轉**：如來轉依以真如為自性身；而真如為有為法、無為法之所依，故此於有為無為俱不住。八、**平等轉**：如來轉依與二乘人解脫有相同之處——斷除煩惱障種子，證大涅槃。九、**殊勝轉**：如來除了得大涅槃外，還斷滅所知障得大菩提，具足十力、四無畏等唯佛獨有之功德。十、**遍授轉**：如來轉依後具足二乘的一切智、菩薩的道相智和佛的一切相智，堪能傳授三乘法門。

己五 周遍之功德

庚一 正說

十五　如空遍一切，佛亦一切遍，
虛空遍諸色，諸佛遍眾生。

就好像虛空充滿物質世界，佛亦遍滿一切有情世界；虛空周遍一切物質，佛亦周遍一切眾生。

世親菩薩說：「佛體亦爾遍一切眾生聚；若以眾生現非佛故，言佛體不遍者，是義不然，未成就故。」意思是說：如果認爲眾生與佛各有自性，佛有佛的形相，眾生有眾生的形相；怎能說佛身遍一切眾生呢？這個想法是不恰當的。因爲佛證無上菩提後，是以眞如——眾生共依的本體——作爲自性身，所以佛確是遍一切眾生聚。

庚二 釋除疑惑

十六　譬如水器壞，月像不現前；
如是眾生過，佛像亦不現。

就好像在破爛的水瓶映照不到月亮的倒影一樣，邪惡的眾生看不到佛的化現。

十七　譬如火聚性，或然或滅盡；

如是諸佛化，或出或涅槃。

猶如火焰能在某處點燃而不是其他的地方，所以我們應明白到諸佛顯示出世或示現涅槃也屬同一道理。

世親菩薩解說頌十六是顯示佛體雖遍滿大地虛空而眾生卻視而不見，猶如在破爛的水瓶映照不到月影。因眾生皆是虛妄顛倒，所以佛雖無處不在，但眾生卻失之交臂（註釋127），視而不見。在特殊的條件下，例如是具足福業的眾生才能見到佛出世，就好像柴薪要到達燃點，火才能生起一樣。

己六 事業無分別任運成就之功德

彌勒菩薩再從四點論述佛陀事業任運自成和無間斷的特徵。由於唐譯本以意譯，頌十八和十九，頌二十和二十一要連結一起來讀，才可全面了解整體的文意。

十八　意珠及天鼓，自然成自事；

就好像如意寶珠縱使沒有動作，仍能令眾人滿願；

天鼓雖無人敲擊，但能發出妙音。

十九　佛化及佛說，無思亦如是。

諸佛安住在無漏法界，不會生起任何的分別念頭，也能自然地說出各種教法，完成利生事業。

傳說中，如意寶珠能神奇地令誠心向它祈願的人滿願；佛經以此比喻佛陀的事業。而帝釋因福德而感召有天鼓，當帝釋想聽鼓樂時，天鼓自然發出妙音；佛經往往以天鼓比喻為佛陀說法。佛經中用如意寶珠來形容佛雖入滅，其寂靜法身雖然離開思慮，但仍能無私地把世間財富賜給眾生。誠如月稱菩薩說：「此寂滅身無分別，如如意樹摩尼珠，眾生未空常利世，離戲論者始能見。」（註釋128）

二十　依空業無間，而業有增減；

就好像眾生在天空下無間斷地繁衍生息，佛陀雖住於無漏法界，但利生事業亦未曾間斷。

二十一　依界事不斷，而事有生滅。

就好像眾生在世間生死流轉，佛雖身處無漏的涅槃界，但亦能在世間顯現出世或示現入滅。

世親菩薩指出：頌十八和十九顯示了佛事無功用，但在無功用之中仍可展開利生事業。頌二十和二十一顯示了佛事無間，佛雖然身處無漏界，但仍能無間斷地在有漏世間顯示佛出世說法或示現涅槃。

己七 甚深難測之功德

庚一 相甚深

辛一 清淨相

二十二　如前後亦爾，及離一切障；
非淨非不淨，佛說名為如。

轉依後，佛以真如為自性身，真如本自清淨，亦遠離一切客塵障礙，所以前際和後際不能以「淨」和「不淨」來形容法身真如的行相。

彌勒菩薩先從「淨」、「染」；「勝」、「劣」；

「有」、「無」這三對範疇來檢視佛果甚深難得的相狀；在《能斷金剛般若波羅蜜多經》說：「言如來者，即是眞實眞如增語；言如來者，即是無生法性增語。」明顯說明了佛的法身即是眞如；法身眞如亦因爲是無生法，既然無生，何來染污？所以頌文說「佛說名爲如」的意思是，轉依後，佛以眞如爲自性身，眞如本自清淨，佛果轉依後即遠離二障客塵；故佛果恆爲清淨。

辛二 勝我相

二十三　清淨空無我，佛說第一我；
諸佛我淨故，故佛名大我。

由於諸佛轉依時遣除人我、法我，以真如為自性身；此自性身偉大殊勝，故暱稱為「大我」。

辛三 無記相

二十四　非體非非體，如是說佛體，
是故作是論，定是無記法。

法身真如——佛自性身——是否有實體呢？因為

法身真如不是名言所行境界，所以只能以無記來解答。

世親菩薩說：「非體者，人法二相不可說故；非非體者，如相實有故。」意思是說：法身眞如是遣除一切人相、法相後，在沒有心識活動下的境界；換言之，因爲遠離一切概念名言，所以不能說法身眞如有實體或無實體。另一方面，法身眞如是宇宙實體，眾生本來面目；所以它是離言的實體。法身眞如本質既是非體非非體，這樣的存在狀態確實超乎世間凡夫的思惟模式，所以不是凡夫名言能捉、耳目能見的境界；佛陀對弟子提問到這些不可思議境界的時候，慣以無記——不置可否、無可奉告的態度作回應（註釋129）。

辛四 解脫相

二十五　譬如鐵熱息，譬如眼翳除；
心智息亦爾，不說有無體。

就像冷卻鐵熱、治除眼翳一樣；佛的心解脫和智慧解脫，不能說是有、是無。

熱鐵的熱力和眼翳的重影是不存在的；但正因爲有熱息和翳除的現象，才顯出它們的存在；所以鐵熱和眼翳是非體非非體，不可以說它存在、非不存在。同理，貪瞋癡就好像鐵熱，無明就好像眼翳；在眞如中沒有貪瞋癡和無明，所以它們非體；但從修行人息除貪瞋癡得心解脫，驅散無明得智慧解脫的過程中，又不能說息除貪瞋癡和驅散無明所得到的心解脫和智慧解脫不存在。所以世親菩薩說：「非體者，由貪及無明息故；非非體者，由心慧解脫有故。」米滂仁波切引安慧論師這麼說：「遠離了見修道的所斷二障，即爲心解脫；眞實認識解脫之自性，即爲智慧之解脫。」這說法類似〈成熟品・頌四〉中，世親菩薩以加行、無間、解脫、勝進四道來解釋斷二障之過程。心解脫類似無間道，智慧解脫類似解脫道。

庚二 處甚深

二十六　諸佛無漏界，非一亦非多，
前身隨順故，非身如空故。

諸佛住於無漏真如法界；由於諸佛共同依於真如而為自性身，所以非多；但諸佛在往昔因地圓滿菩薩地道功德，轉依成佛時各有三身正報依報，所以非一。

世親菩薩在《論釋》說：「此偈顯示法界處甚深。」所謂「無漏界」或「法界」，都是「眞如」的同義詞。由於遣除人我、法我而顯現出恆常如此、唯一眞實的境界，故稱爲眞如。眞如是一切法的實體，故名法界；界者實體義。

註釋

127. 為何眾生皆是虛妄顛倒？世親菩薩在《能斷金剛般若波羅蜜多經論釋・頌五十三》解釋眾生心流注（心相續）是虛妄顛倒時說：「種種心流轉，離於念處故；彼無持常轉，故說為虛妄。」意思是說：凡夫不黯真如理，故執身為淨，執苦為樂，執心是常，執法有我；又不能止息妄念，以三摩地修行；所以佛體雖周遍，卻不能見法身如來。

128. 《入中論・究竟佛地・頌十八》。

129. 如《寶行王正論・雜品・頌十三、十四》說：「世體過三世，若爾世何實？誰言說有無，有無實無義。故佛約四句，不記說世間。由有無皆虛，此虛不虛故。」諸法實相——法身真如——超越三世，那麼世間又何來真實？除了名言上安立「有」、「無」外，在真實中「有」、「無」根本是無自性。故此佛拒絕評論四句，對世間法不加任何了義說；所謂四句，分別是肯定、否定、綜合和超越。由於「有」與「無」二邊全皆錯謬，這種對錯謬採取沉默的回應，本身並不是錯謬。

應用思考問題

1. 二乘人追求無餘涅槃成阿羅漢，永斷輪迴得解脱。其功德雖大；但比起菩薩圓滿地道功德轉依成佛卻微不足道，試依頌十三説明。
2. 試依頌十四略説如來轉依的十種功德。
3. 我們常聽到一句籠統的話「佛在心中」，意思是説：我們每個人心中都有佛。但為何我們看不見心中的佛呢？十惡不赦的殺人犯心中有佛嗎？如果有，為何他們如斯暴力殘害他人呢？試依頌十五和十六解釋「諸佛遍眾生」，但眾生絕不就是佛，邪惡眾生甚至怎也見不到佛的道理。
4. 為何説眾生心相續皆是虛妄？這種虛妄具體表現在甚麼地方？試依世親菩薩所説解釋之。
5. 「有緣佛出世，無緣佛入滅」。當宇宙某處的眾生福業成熟，佛就在該處示現出世説法，就好像柴薪到達燃點就會自然地燃燒起來一樣。試依頌十七説明。
6. 很多人懷疑佛入滅後如何可以在沒有肉身的情況下為眾生説法救度眾生，幫忙眾生脱離苦難。但事實上，佛自從入滅後，一直保持著度化眾生的事業和對眾生説法的工作，並且更是持續不斷，無遠弗屆。只要眾生具足信心和福業，一定蒙佛加持庇佑。試依頌十八至頌二十一説明。
7. 佛果甚深難測。彌勒菩薩先從法身真如的相狀特徵，抉擇出法身真如遠離人類「淨染」、「勝劣」和「有無」這些概念範疇。試依頌二十二至二十五略說法身真如四種相甚深。

8. 法身即真如的說法，不單見於《大般若經・能斷金剛分》；亦見於本論頌二十二「佛說名為如」和其他世親菩薩的論釋；到了密宗則將法身真如總名為佛之自性身；其空分為真如，其明分為法身。試作一文並旁引諸經論，說明「法身即真如」之理。
9. 如《般若經》所云：真佛例如法身具足非相，假佛例如化身具足諸相。本論頌二十三則說要捨棄虛假的、有相的人我、法我，才是無相的、真實的「第一我」和「大我」；你能以白話譯出頌二十三嗎？
10. 試依世親菩薩《論釋》及《俱舍論》解釋「心智息亦爾」中的心解脫和智慧解脫。
11. 為何說諸佛所住的真如法界，非一亦非多？試依頌二十六說明。

《大乘莊嚴經論》第18講

轉依成佛後，佛果的境界功德難測；例如我們只能知道諸佛皆以眞如爲自性身，在無漏法界裏，以各種佛智起現神通，幻化種種遊戲境；利益眾生。又例如阿彌陀佛的佛智可以同時與釋尊的佛智融爲一體，聯同大悲觀音與大力勢至教導和協助人類往生極樂淨土。現在問題是：既然諸佛無量平等大悲，神通又廣大，爲甚麼仍有這麼多眾生不獲救度？不受加持？世親菩薩就提出由於有「眾生障」——五濁令眾生作繭自縛，障礙佛力加持。五濁其實是人類的下墮共業，例如人類濫殺濫捕，造成壽濁；例如不節約能源以致全球暖化，形成劫濁；例如人際疏離，自私自利，競勝貪取，於是煩惱濁、見濁生成；不重個人修養、扭曲生命價值，盲目減肥、整容；長時間低頭迷玩智能電話；自毀念智、色力，就是有情濁。這五濁都不是政治家、經濟家甚至科學家有專業知識或技能能夠解決的問題。五濁世道愈烈，距劫末愈近；但願聖教昌隆，有大力菩薩出世，挽回狂瀾於既倒；否則人類必會面臨一次嚴苛的考驗。

眾生之所以有五濁，原因不外迷於眞如理；加以眾生業障重，所以甚易下墮惡道。另一方面，則有不少眾生，以大悲、大信、大忍和大行歷劫修行，斷除煩惱、所知二障，對眞如理轉迷成悟，顯得自性清淨涅槃，成就法身功德。眾生業力不可思議，極具矛盾性；一方面煩惱性強，容易下墮；另一方面卻秘藏著對眞如理轉迷成悟，成就法身如來的功德，「故說諸眾生，名爲如來藏」。這就叫眾生業力不可思議。故此，對所有眾生包括人類的前途，不能看得太樂觀，也不能看得太悲觀。無論怎樣，佛法仍然是眾生離苦得樂的明智出路。

庚三 業甚深

辛一 佛果如寶源能成熟眾生業

二十七　譬如大寶藏，眾寶之所依；
淨界亦如是，佛法之依止。

法身真如就好像蘊涵眾多寶石的大寶藏一樣，代表佛十力等功德。

辛二 成熟眾生業

譬如密雲布，洒雨成百穀；
淨界亦如是，流善熟眾生。

亦好像密雲成雨一樣，成熟眾生修持六度善行。

辛三 入究竟業

二十八　譬如日月盈，皎淨輪圓滿；
淨界亦如是，善根聚圓滿。

法身真如有如滿月，充滿福德和智慧；亦如偌大的太陽，放射出智慧之光。

辛四 說正法業

二十九　譬如日輪出，流光照一切；

淨界亦如是，流說化群生。

如日輪發射無數光芒，恆常發揮普照的功用，照亮整個世界，法身真如亦同樣恆常不斷為眾生說法。

誠如《能斷金剛般若波羅蜜多經》說，如來爲眾生所說的法，都是指向和隨順法身眞如之法。所以佛所有的言教都是佛內證眞如時所證之法；（註釋130）而轉依後，佛以眞如爲自性身，透過三身以不同形式恆常不斷地向眾生說法；只因眾生被無明障蔽，才會聽而不聞；對法身如來視而不見。

辛五 幻化等事業

三十　**譬如日光合，同事照世間；**
　　　淨界亦如是，佛合同業化。

諸佛雖同依真如為自性身，但諸佛各自依因地修行時所發不同的願力，度化世間具不同根器、有不同需要的眾生，就好像太陽雖發出無數不同的光綫，但同樣都是照亮世間。

世親菩薩在《論釋》說：「譬如多日多光一時和合同作一事，謂乾熟等；如是多佛多智一時和合同作一業，謂變化等。」意思是說：很多星體發出無量光芒，照射大地，令泥沼乾涸，莊稼成熟。諸佛法身眞如以各種佛智起現首楞嚴三昧，以神通顯示化身業，幻化種種遊戲境，利益一切有情。（註釋131）

辛六 入智慧業

三十一　譬如日光照，無限亦一時，

就如釋尊在娑婆世界示現利益眾生時，其餘諸佛例如阿彌陀佛的佛智亦同時與釋尊的佛智融為一體，利益娑婆世界眾生。

辛七 無分別業

三十二　淨界佛光照。

佛智就好像日光普照十方大地一樣，無分彼此地饒益一切眾生。

辛八 諸相並照業

三十三　二事亦如是。

> 正如日光照臨大地，大地上萬物都呈現在眼前一樣；佛智亦能於一剎那間遍知十方三世一切法。

「二事」指的是太陽照耀大地和佛遍知一切法，兩者都是同一剎那間遍照和遍知。佛於《能斷金剛般若波羅蜜多經》說：「善現，乃至爾所諸世界中所有有情，彼諸有情各有種種，其心流注我悉能知。」意思是說：在恆河沙數這麼多的世界中，每一個眾生均以各自不同的虛妄心識來發動種種不同心思，造作種種業而流轉生死的種種情況，佛都能夠一清二楚知悉。所以傳統上我們稱佛智爲遍知。

辛九 不入智慧業

三十四　譬如諸日光，說有雲等翳；
淨界諸佛智，說有眾生障。

> 眾生的罪障就好像厚雲障蔽日光的照射般，障蔽

了佛智感化自心。

世親菩薩在《論釋》認為：由於眾生有大量五濁，所以障蔽佛力的加持。所謂五濁，根據世親菩薩在《俱舍論》的解釋：「言五濁者，一壽濁，二劫濁，三煩惱濁，四見濁，五有情濁。劫減將末，壽等鄙下如滓穢故，說名為濁。由前二濁，如其次第，壽命資具極被衰損。由次二濁，善品衰損，以耽欲樂自苦行故；或損在家出家善故。由後一濁衰損自身，謂壞自身身量、色力、念智、勤勇及無病故。」（註釋132）

辛十 佛果較二乘之解脫事業殊勝

三十五　譬如滋灰力，染衣種種色；
淨界行願力，解脫種種智。

就好像白布染色時，打結的地方色彩圖案便會更加斑駁鮮艷；雖然二乘果與佛果同樣得大涅槃，但由於佛果有福慧圓滿和斷盡所知障習氣轉依成大菩提的功德；所以佛果解脫事業較阿羅漢果殊勝。

唐代染僧袍的方法是在白布上塗上一層泥灰作染料，而不像印度用打結的方式；所以唐譯本用「滋灰」。由於佛果除了斷盡二障，改變對眞如的迷執而證得大涅槃外，還將第八識中有漏種子轉捨，轉得純善的無漏種子；這些純善無漏種子生起四智：大圓鏡智、平等性智、妙觀察智和成所作智，窮未來世利樂有情，這佛果四智是阿羅漢果欠奉的，所以佛果解脫事業功德較二乘殊勝。

庚四 總結上述三種甚深

三十六　無漏界甚深，相處業三種；
諸佛如是說，譬如染畫空。

以上雖從相、處、業三點來描述法身真如之佛果境界，但猶如在虛空塗色彩一樣，這甚深無染的境界實是難以盡言的。

世親菩薩感慨說：「此無漏界無有戲論，譬如虛空是故甚深；如是甚深差別說者，譬如染於虛空、畫於虛空；是義應知。」

己八 法界清淨本性不變之功德

三十七　一切無別故，得如清淨故；
故說諸眾生，名為如來藏。

由於真如為一切眾生所共依之本體，同時菩薩在轉依過程中將客塵煩惱消除，顯露出法身真如本自清淨的自性，所以無論已覺悟或未覺悟的一切有情，皆平等具有成就清淨法身的特質，稱為如來藏。

眞如法界除了是宇宙實體之外，更是眾生本來面目，由於它是無生法，所以其性本自清淨（註釋133），凡夫爲二障所蔽，所以自性不顯；但自性不顯並非否定凡夫沒有法身眞如的清淨性。當凡夫發心修行，斷除二障的障蔽，就可回復本來面目。所以如來藏在梵文原意是指成就法身，秘密地藏有法身的胚胎。而世親菩薩對「眾生名爲如來藏」這一句，在《攝大乘論釋・卷五》有這樣的解釋：「『自性清淨』者，謂此自性本來清淨，即是眞如自性，實有一切有情平等共相，由有此故說：『一切法有如來藏。』」（註釋134）「如來藏」梵文原意：眾生皆是法身的胎藏。世親菩薩在《攝大乘論釋・卷十》則對如來藏有進一步的詮釋：「『眞如無間解脫垢故』者，謂眞如理無間，解脫一切障垢，顯成法身，是故如來其身常住。」（註釋135）一般來說，佛經中「如來」一詞，是指佛的法身。佛在《能斷金剛般若波羅蜜多經》說：「當圓滿地證得無上正等菩提時，我發覺眞如平等清淨，沒有任何增減；所以諸佛轉依時皆以眞如爲自性身，亦平等地毫不增減眞如清淨性。」（註釋136）

己九 轉依無量變化之功德

庚一 佛無量變化與二乘之差別

三十八、九　聲聞及緣覺，菩薩與如來，
初化退世間，至佛退菩薩。

若論功德圓滿程度，世間凡夫比不上聲聞弟子，而辟支佛則勝過聲聞弟子。可是辟支佛的功德圓滿程度又不及菩薩百分之一；而佛的圓滿功德超過菩薩何只百倍！

四十　如是佛變化，無量不思議，
隨人隨世界，隨時種種現。

無論是為了誰人，在何處，在何時，救度的力度大小；圓滿的佛力功德變化是無量和不可思議。

將凡夫世間有限的善報與聖賢出世間無限的功德相比，確實相去很遠。就算二乘聖人跟大乘菩薩相比，菩薩在初地的福力和在七地的智慧已勝過阿羅漢（註釋137）；即使大乘地上菩薩，例如初地菩薩功德單位是一千，到第七地已穩獲一千萬萬億功德，到第九地的功德更是十的五十九次方再乘十倍；到第十地「量等超過言說境，非言說境微塵數」（註釋138）。十地菩薩功德變化尚且無量、不可思議，何況斷證圓滿的佛果！

註釋

130. 如云：「善現，如來現前所證法，或所說法，或所思法，即於其中非諦非妄。是故如來說一切法皆是佛法。」

131. 如〈神通品・頌六〉云：「遊戲諸三昧，僧中最第一，恆現三種化，以是利眾生。」就好像當一綫陽光照臨，其餘所有陽光也同一時間照臨大地；同理，當某一佛的佛智利益眾生時，其餘諸佛的佛智也同一時間到臨利益眾生。

132. 《俱舍論・第十二卷分別世品・第三之五》。

133. 如《能斷金剛般若波羅蜜多經》說：「言如來者，即是畢竟不生增語。何以故？善現，若實無生，即最勝義。」

134. T31-1597_0344a03（00）

135. T31-1597_P0376b19（00）

136. 如經云：「復次善現，是法平等，於其中間無不平等；故名無上正等菩提。」

137. 如《入中論・極喜地・頌八》說：「即住最初菩提心，較佛語生及獨覺，由福力勝極增長，彼至遠行慧亦勝。」

138. 見拙作《入中論講義》頁623至626。

應用思考問題

1. 《能斷金剛般若波羅蜜多經》說：「諸賢聖補特伽羅皆是無為之所顯。」意思是：一切修行高低階位，皆取決於修行人斷除多少障蔽真如的二障，證得多少法身真如功德而言；而彌勒菩薩繼承《般若經》的說法，所有佛法都是扣緊和指向佛內證真如的教法，而這種教法對眾生是有百利而無一害的。試依頌二十七說明。
2. 佛經三大阿僧祇劫積聚無量的福德智慧資糧，所以作為佛果的法身真如，究竟圓滿。「世間所有我盡見，一切無有如佛者」，堪可作為佛果入究竟業最佳說明。試依頌二十八說明。
3. 所謂佛法，都是指向和扣緊佛內證真如時一切有關真如勝義境界的教法；所以法身真如具有恆常為眾生說法的「說正法業」，眾生只要心懷謙卑，並盡量斷除二障的障蔽，就可以無時無刻聽到佛的聲音。試依頌二十九說明。
4. 諸佛轉依時各以真如為自性身，而諸佛各有在因地修行時不同的因緣，例如阿彌陀佛的法身真如，就是為眾生提供往生極樂的幻化事業；金剛薩埵的法身真如，就是為破誓毀戒的修行人提供淨罪的幻化事業。我們何期有幸能有機會，可選擇形形種種的幻化事業作為我們的修行法門。試依頌三十和世親菩薩的《論釋》說明。
5. 成就佛果後，諸佛皆以佛智利益眾生，亦會有不同的佛結合起來一同行持在某地作利生佛行，例如釋尊在娑婆世界開示淨土法門，這叫佛果「入智慧業」和「無分別業」。試依頌三十一和三十二說明。

6. 成就佛果後，諸佛皆能於一剎那間遍知、遍見世間一切眾生的活動狀況。如《能斷金剛般若波羅蜜多經》云：「如來以其佛智悉已知彼，如來以其佛眼悉已見彼。」「善現，乃至爾所諸世界中所有有情，彼諸有情各有種種，其心流注我悉能知。」這就是佛果不可思議之「諸相並照業」，試依頌三十三說明。

7. 世親菩薩解釋為何諸佛那麼慈悲，那麼神通廣大，為何仍有眾生不獲佛力加持。這是因「眾生障」的緣故。世親菩薩還具體地說明眾生障即是眾生有大量的五濁。試依頌三十四及世親菩薩對本論及《俱舍論》的論釋說明。

8. 試依頌三十五說明佛果解脫事業較二乘殊勝的原因。

9. 真如法界是宇宙實體，眾生本來面目，據佛在《能斷金剛般若波羅蜜多經》所說，真如是無生法；既然無生，所以未曾染污，從來本自清淨。即使它亦是雜染有為法，例如真如法界亦是凡夫所共依，但畢竟若這些有情的大乘成佛種子甦醒，發心修行，最終都會轉依成佛，畢竟清淨。由雜染而返回清淨，亦只是凡夫的問題，不會影響真如法界的本自清淨本質。試依頌三十七說明真如法界清淨本性從未改變的功德。

10. 作為唯識瑜伽師，世親菩薩從不諱言眾生皆具如來藏，雖然梵藏二本的頌文未有如來藏的專有名詞出現，但唐譯本頌文和世親菩薩《攝大乘論釋》都明確有「如來藏」的說法；所謂如來藏，是指眾生秘藏著對真如理轉迷成悟的能力，在修行除二障習氣後，顯得大涅槃，成就法身功德。試比較漢譯梵藏頌三十七及從梵文字義，及世親菩薩有關的論釋，解釋「如來藏」一詞，並說明為何唐譯「故說諸眾生，名為如來藏」雖採取意譯，卻未乖離彌勒菩薩頌文原旨，反顯得譯文簡潔直接的可貴。

11. 凡夫善業雖引樂果，但缺乏無漏智攝持，最終樂果會變易為苦。佛門四聖有無漏智攝持所行善法，所以招感無限功德。但四聖功德亦各有差別，菩薩較二乘殊勝；三淨地菩薩又較初基菩薩殊勝；而佛果功德更無量不可思議。試根據《入中論・極喜地・頌八》、〈究竟佛地・頌一至頌九〉及本論頌三十八至四十說明。

《大乘莊嚴經論》第19講

上堂已從相、處、業三方面描述眞如法界的境界，例如眞如本自清淨，亦遠離一切客塵障礙，所以不能以「淨」和「不淨」來形容眞如法界，「如前後亦爾，及離一切障；非淨非不淨，佛説名爲如」。又例如諸佛住於眞如法界，由於諸佛共同依於眞如而爲自性身，所以非多；但諸佛往昔在因地修持功德轉依成佛時，各有三身正報依報，所以非一；換言之，不能以「非一非多」來形容眞如法界，「諸佛無漏界，非一亦非多；前身隨順故，非身如空故」。最後説到業甚深時，則説明眞如法界本自清淨，加上諸佛無量平等大悲，神通廣大，爲甚麼仍有這麼多眾生不獲救度？因爲眾生的罪障就好像厚雲障蔽日光一樣，障蔽了佛智感化自心。「譬如諸日光，説有雲等翳；淨界諸佛智，説有眾生障」。

今堂，彌勒菩薩將菩薩轉依後內心和外在世界各種變化娓娓道來。首先，祂的眼根不單能看，還能聽、嗅、嚐和觸對境，對境裡裡外外，盡知無遺；一根能互用餘根之境。「如是五根轉，變化得增上；諸義遍所作，功德千二百」。此外，菩薩棄捨第八識有漏種子，轉成純善無漏種子，而前七識的有漏性亦轉依爲無漏性；如是八識轉依成四智，以往昔因位所發菩提心願等流相續；雖以眞如法界爲自性身，但盡未來際不住涅槃，利益眾生。「如是無量轉，如是無量化；不思議所作，諸佛依無垢」。接著，彌勒菩薩介紹佛如何以轉依功德成熟有情。例如「熟熟不無餘，世間無盡故」。佛雖承諾度盡一切眾生，但眾生沒有絲毫的眞實性，佛在證眞如時亦找不到有任何眾生相，所以佛在大乘經中常常提醒菩薩——這些「令成熟解脫者」，不入無餘依涅槃，才能盡未來際以一燈點燃千燈，成熟世間眾多無盡的有情眾生。又例如佛雖住於眞如法界，但能於一剎那間因應某處眾生福德成熟，而在該處示現出生、成道、說法和涅槃。「轉法及法沒，得道亦涅槃；處處方便起，不動眞法界」。最後，大家要留意的是，佛只採用說法的形式來利益眾生，而所說的法亦只限於聲聞、緣覺和大乘三乘內容。「不起分別意，成熟去來今；處處化眾生，三門常示現」。

庚二 轉依無量變化的分類

轉依後，佛除了擁有純善無漏種子外，根身和器界都有無量的明顯變化。

四十一　如是五根轉，變化得增上；
諸義遍所作，功德千二百。

> 轉依後，佛眼根能兼取色聲香味觸五境；如是者至身根能互用餘根之境；如此五根力量輾轉增上，共獲一千二佰二十五種功德。

質疑：轉依後沒有能取、所取；佛的五根如何輾轉了別外在五境？

誠如月稱菩薩轉述唯識宗對眼根能取色境的看法時說：「能生眼識自功能，從此無間有識生；即此內識依功能，妄執名爲色根眼。此中從根所生識，無外所取由自種，變似青等愚不了，凡夫執爲外所取。」（註釋139）能取的眼根，所取的色境，只是凡愚有漏第八識能取、所取的習氣所顯現，所以眼識所現的外境色法，只是顛倒執著而已。轉依後，佛盡焚第八識內所有有漏種子，只剩餘無漏種子；故再無能取、所取的顛倒執著。所有色法猶如大圓鏡中的影像一樣，影像與鏡面非一非異；無能取與所取的分別。

世親菩薩說：「此偈顯示五根變化。」又說轉依後，佛前五根能互用一切境界；例如眼根不單能看色境，還能通過聽、聞、嚐、觸感受色境。如是者前五根各自能增上五的五次方功德，共得一千二佰二十五種功德。

四十二　如是意根轉，變化得增上；
極淨無分別，恆隨變化行。

> 當意根轉依時，棄捨分別自他的我癡、我見、我慢和我愛，轉成平等性智；恆常與前六識所轉依的妙觀察智和成所作智一同現行，示現種種他受用身和他受用土；盡未來際以純善的心無分別地平等利益有情。

所謂意根是指第七識，作為第六意識所依，故稱為意根；以恆審思量第八識為我、我所作特性。當修行人生起無漏無分別智，斷除能所二取見道時，祂的無漏智和大悲平等心一直輾轉增上（註釋140）；當菩薩地地勝進，轉依成佛時，永斷第七識內二障有漏的我、我所種子，例如我癡、我見、我慢和我愛；而轉依成能起無住涅槃大用的平等性智，它能聯結無漏第六識的妙觀察智和無漏前五識的成所作智一起活動；起現出他受用身和他受用土；並以無漏智觀一切諸法及一切有情，悉皆平等，盡未來際利益眾生。頌中「極淨無分別」是形容清淨的平等性智；「恆隨變化行」是指盡未來際利益眾生。

四十三　如是義受轉，變化得增上；
淨土如所欲，受用皆現前。

當佛的前五識轉依為成所作智時，能依眾生不同等級的福德，隨欲變現出清淨程度各異的變化土，以及在變化土上的一切受用。

為了利益未見道的凡夫，轉依後，佛的前五識無漏種子轉得成所作智；依凡夫修行程度，隨宜變現清淨和豐饒程度不同的變化身及所依受用；例如修行好的凡夫，就可以居住在較清淨的佛剎和享用自生豐饒的食物。頌文中的「義」指境，「受」指五識；「淨土」指變化土。

四十四　如是分別轉，變化得增上；

諸智所作業，恆時無礙行。

當佛的第六識轉依成妙觀察智時，能無礙地觀察諸法實相和諸法現象；並能恆時自在地起現神通，利樂有情。

頌文的「分別」是指第六識，「諸智」是指神通。

四十五　如是安立轉，變化得增上；
住佛不動句，不住於涅槃。

當佛的第八識轉依成大圓鏡智時，能攝持一切無漏種子，起現自受用身和自受用土；除了以真如為自性身，安住於無生的真如法界內；還能結合平等性智、妙觀察智和成所作智，隨宜示現種種佛身佛土，利益眾生。這就稱為無住涅槃。

頌文的「安立」，西方學者謂是阿賴耶識，但世親菩薩在《論釋》說：「安立謂器世界。」這是沒有矛盾的，因為第八識的作用是攝持種子、根身和器世界。（註釋141）諸佛斷盡二障，轉依成佛時，皆以眞如法界爲自性身（註釋142），並住於眞如法界。如世親菩薩在解釋前面頌十三「彼處如來住，不動如山王」時說：「如來轉依住無漏界處，如山王鎮地安住不動。」此外，佛雖有無漏智住於眞如，由於往昔依所發菩提心，願自他均能成就佛果而修行，如是因果等流相續，就算成佛轉依後，亦盡未來際利樂有情而不住涅槃。「句」，指器世界；「不動句」，指佛住於無漏法界。

四十六　如是欲染轉，變化得增上；
住佛無上樂，示現妻無染。

轉依後，即使與佛妃相運交合；諸佛亦安住於平等清淨的大樂中，對明妃不起丁點兒貪愛煩惱。

四十七　如是空想轉，變化得增上；
隨欲一切得，所去皆無擁。

佛轉依後具空想轉功德，除了能在虛空中變現出任何物質性東西外，還能無礙地在虛空行走。

世親菩薩說：「由此轉故得二種變化：一者所欲皆得，得虛空藏故；二者所去無擁，得虛空解故。」意思是說：空想轉有二種功德——虛空藏和虛空解。前者把虛空當作寶藏，可以從虛空中取得任何物質；後者能在虛空中行走，甚至飛馳，沒有任何障礙。

四十八　如是無量轉，如是無量化，
不思議所作，諸佛依無垢。

諸佛透過無量的轉依，得出在種子、根身和器界無量的變化。而佛一切不可思議的轉依事業變化，都是依無漏法界而來。

己十 成熟有情之功德

庚一 有情成熟的原因

四十九　令集亦令長，令熟亦令脫，
熟熟不無餘，世間無盡故。

佛以善法導引十方世界的眾生，令未積集善根的積集善根，已積集善根的令善根增長，已增長善根的令他成熟，已成熟善根的令他解脫。又令成熟解脫者不入無餘涅槃而發心成熟他人；這樣做才能成熟世間無盡眾多的有情。

世親菩薩在《論釋》說：「此偈顯示次第成熟。」意思是：佛用各種方便，循循善誘每個未曾修學過佛法的普通人，如何自利成熟和利他成熟的經過。例如「未集善根者令聚集，已集善根者令增長，已長善根者令成熟，已熟善根者令解脫」；這就是自利成熟。「熟已復熟不般涅槃」，自利成熟者要更進一步利他成熟；所謂「熟熟不無餘」，是「令成熟解脫者不入無餘涅槃」的意思。佛法力無邊，同時又久遠成佛，但爲甚麼仍要這麼多的解脫者來度化眾生呢？彌勒菩薩提出「世間無盡故」。這個世間是指虛妄心識活動，在唯識瑜伽士看來，這個世間雖存在，但都是假名安立，沒有丁點兒眞實。所以在《大般若經》中佛多次強調：祂圓滿無上正等菩提，發現在眞如勝義境內沒丁點兒人我、法我相；所以在眞如法界內無所謂佛度眾生（註釋143），遑論乎所度化的眾生有盡無盡。到此我們幾乎可確定，佛度眾生，成熟有情，都只是世間的事，在眞如界內根本無有一眾生可度、得度，在世間卻有無盡眾多的眾生極需救度。所以修行人對於世間應以出離爲主，至於有無或多少眾生可度，則是自利成熟後的問題。（註釋144）總言之，輪迴界的一切眾生藉著佛的救度才能離苦得樂，是故佛是眾生唯一的怙主。

庚二 已成熟的補特伽羅

五十　難得已具得，處處為物歸；
稀有非稀有，由得善方便。

對於已經自利成熟的有情來說，佛已圓滿證得極難得的無上正等正覺，因此恆常成為十方世界無量人和事的皈依處，成就利他成熟。至於有情能深信並奉行大乘佛法而得以成熟，這是十分稀有的事；另一方面，對已踏上菩薩道就必然成佛而言，這卻是極尋常的事。畢竟，能轉依成佛的無上正等菩提是純善並能圓滿自他二利的佛法。

世親菩薩在《論釋》說：「此偈顯示已熟菩薩行非希有相。」意思是說：自利成熟起碼是三淨地菩薩，所修行的都是指向和緊扣能證眞如的無上正等菩提；而這修行方法已記載在大乘佛經內，依這些方法修行成佛，是必然和毫不稀奇的事。又說：「希有非希有者，如是處處成熟眾生，是爲希有；如此希有亦非希有。何以故？由得善方便故！善方便者，謂隨機道即是清淨行。」意思是說：自利成熟的大菩薩，到處都能得心應手地成熟眾生，這眞是難得稀奇的事；但這種稀有難得的盛事，則源於菩薩老實、一步一步依佛所說圓滿修行無上正等菩提的善方便而得成就。所謂善方便，是指緊扣和指向能證眞如的無上正等菩提的修行方法。

庚三 顯現各種利他成熟的方便

五十一　轉法及法沒，得道亦涅槃；
處處方便起，不動真法界。

> 佛雖住於真如法界，但能於一剎那中同時在某處示現轉無量法輪，或在某處示現正法滅盡，或在某處得成正覺，或在某處示現般涅槃。只要某處眾生福德成熟，如來就以化身形態示現住於該處，但如來的法身仍如如不動的住於真如法界。

世親菩薩說：「『處處方便起，不動眞法界』者，若眾生應可成熟，如來隨彼住處，處處教法；然於無漏法界亦復不動。」菩薩歷劫修行，積累無量福慧資糧，轉依時，其無漏的第八識感得以「非相具足」的「自受用身」，此「自受用身」由「大圓鏡智」所變，湛然相續，盡未來際，於眞如法界自受用法樂，故說「不動眞法界」。此外，諸佛各以自己前五識轉依而成的「成所作智」，觀察眾生福德成熟程度，示現種種「諸相具足」的變化身，說法利生，故說「處處方便起」。

庚四 不以分別心來成熟眾生

五十二　不起分別意，成熟去來今；
處處化眾生，三門常示現。

諸佛從不會想：「這個是我以前成熟的眾生」、「我將要成熟這人」、「我現在正令這人成熟」，亦沒有預先計劃成熟甚麼人；反之，透過三乘教法，於十方三世，處處攝引眾生恆常修善，引領眾生達致成熟。

諸佛轉依圓滿無上正等菩提時，發覺在眞如勝義境內沒有任何人我相、法我相；所以不會執著過去、現在、未來有可度的眾生；誠如佛在《能斷金剛般若波羅蜜多經》說：「雖度如是無量有情令滅度已，而無有情得滅度者。何以故？善現，若諸菩薩摩訶薩有情想轉，不應說名菩薩摩訶薩。」若修行人執著自己曾度、正度和將度有情，這位修行人連見道位也談不上，何況是佛位！此外，佛還發覺在圓滿無上正等菩提時，眞如界內「是法平等，於其中間無不平等」。所以祂化度眾生時，不會預先計劃化度哪類眾生，任何眾生都要化度；但誰先獲佛力加持，便要看誰個福德厚重，信心堅固。誠如世親菩薩在《論釋》說：「佛遍以三門成熟眾生，三門者，謂三乘（大乘、緣覺乘和聲聞乘）教門故。」

庚五 無偏墮成熟眾生

五十三　如日自然光，照暗成百穀；
法日光亦爾，滅惑熟眾生。

猶如太陽無分別地廣泛照耀著大地每一角落，毫不費力地令農作物生長成熟一樣；正法的太陽發放光芒，能普遍成熟一切眾生，令他們進入息除煩惱的涅槃境界。

就好像善現長老向佛提問，應抱持甚麼原則來發菩提心修行，佛就這樣說：「善現，諸有發趣菩薩乘者，應當發起如是之心：所有諸有情，有情攝所攝，若卵生、若胎生、若濕生、若化生，若有色、若無色，若有想、若無想，若非有想、非無想，乃至有情界施設所施設，如是一切，我當皆令於無餘依妙涅槃界而般涅槃。」（註釋

145）佛就是抱持這種廣大意樂，成熟一切眾生。

庚六 以無盡輾轉成熟眾生

五十四　一燈然眾燈，極聚明無盡；
一熟化多熟，無盡化亦然。

就好像一燈可以點燃不可思議、不可計量無數盞燈，而原本的那盞燈卻不會熄歇；如是一佛能成熟眾多菩薩，而每一菩薩又能成熟眾多有情，如此無窮盡地輾轉成熟眾生，亦未曾影響佛菩薩的自利成熟。

庚七 無疲厭無止盡成熟眾生

五十五　巨海納眾流，無厭復無溢，
佛界攝眾善，不滿亦不增。

就好像百川河水流入大海，大海從不滿溢；真如法界亦如是。縱然不時有自利成熟之菩薩轉依成佛，以真如法界為自性身；然而真如法界既未飽和，亦沒有增長；這就是世間一大稀有的事。

註釋

139. 見拙作《入中論講義》頁269至270。

140. 見本論〈發心品・頌八和頌九〉。

141. 如《成唯識論・卷二》云：「阿賴耶識因緣力故，自體生時，內變為種（子）及有根身，外變為器（世間）。」

142. 見〈菩提品・頌二十六〉。

143. 如《能斷金剛般若波羅蜜多經》云：「善現，無少有情如來度者。善現，若有有情如來度者，如來即應有我執，有有情執，有命者執，有士夫執，有補特伽羅等執。」

144. 如米滂仁波切在解釋此頌時説：「諸法雖無自性，然顯現不斷，故輪迴涅槃的顯現無有窮盡。」

145. 見《能斷金剛般若波羅蜜多經》。

應用思考問題

1. 菩薩發菩提心後，經三大阿僧祇劫修行，通過無數考驗，積累無量福慧；最後十地圓滿，轉依成佛。轉依過程中，第八識內攝持的種子、根身和器界，都由有漏轉成無漏，由有限的功德轉成無限的功德。試依頌四十一至四十八，略述轉依後佛身、心和對外界的種種變化。

2. 要圓滿無上正等菩提的修行，第一關就是要遣除能取和所取的分別；因為「無明」就隱藏在此中。但成佛後，佛的五根能以一千二佰二十五種變化了別五境；這豈非有能和所的分別，佛轉依後仍有無明嗎？依分析說明。

3. 佛轉依時，以大悲平等心斷盡第七識我、我所的執著，轉成平等性智，並與妙觀察智和成所作智變起他受用報身和他受用報土，利益見道後的地上菩薩。試依頌四十二說明。

4. 根據彌勒菩薩的說法，淨土是依何而變化？有何特點？請依頌四十三說明。

5. 根據彌勒菩薩的說法，神通變化完全是依佛第六意識轉依成妙觀察智的起用，請依頌四十四說明。

6. 唯識瑜伽士為方便修行，把執持種子、根身和變現器界的第八識安立施設其名為阿賴耶識，就好像世間人依緣五蘊假名為我一樣，不能執諦亦不能執為妄。所以一般學者稱「安立」就專指阿賴耶識。佛轉依後，第八識內純然是無漏種子，除起現為自受用身和自受用土，還能結合前七識轉依而成的平等性智、妙觀察智和成所作智，隨宜示現種種佛身佛土，稱無住涅槃。試依此義詮解頌四十五：「住佛不動句，不住於涅槃。」

7. 由於轉依後佛以真如法界為自性身，稱法身真如；由於真如法界是無生法，本自清淨，故稱「無垢」。試依此義詮釋頌四十八中「諸佛依無垢」的意義。

8. 為甚麼說無數大乘菩薩化度無量眾生，但佛說實際上無一眾生得化度呢？試依《能斷金剛般若波羅蜜多經》和頌四十九「熟熟不無餘，世間無盡故」來解釋此義。

9. 為甚麼說大乘修行人經歷三大阿僧祇劫，以大悲、大信、大忍和大行克服無數艱巨挑戰，其經歷是「稀有非稀有」呢？試依頌五十說明。

10. 轉依後，佛以真如法界為自性身，如如不動地住在真如法界；但為何在凡夫娑婆世界中卻處處見到佛的蹤影呢？

11. 我們常暱稱佛弘法利生的功德事業為「普度眾生」。意思是說：佛不以分別心來利益一切眾生，不會計較他們膚色、種族、性別、職業而普施救濟；而彌勒菩薩認為佛救濟眾生的形式是「三門常示現」，以三乘教法來普度眾生。請依頌五十二說明佛以三乘教法普度眾生的意義。這與現今其他宗教以財施救濟有分別嗎？

12. 佛教注重以「智度」來度化眾生，除以「三門常示現」，所謂以三乘教理導引眾生勝生安樂、定善解脫外，還有「無盡燈」，以師徒間傳承感情直指內心光明，開啓「本淨明體」，所謂住於內心本質的覺醒上。試依頌五十四說明佛教無盡燈的傳承光明方法。

《大乘莊嚴經論》第20講

具大乘種性的修行人以「爲利有情願成佛」的宏願發心後，經歷三大阿僧祇劫積集無量福慧資糧，於修行滿首個阿僧祇劫，無漏無分別的根本智——亦即俗稱般若波羅蜜多生起，第一次遣除以無明爲體的能所分別，初次把觸到眞如法身——一般稱爲見道或見性；之後地地勝進修行，當修到第十地圓滿，祂的無漏智已修到爐火純青，到最後心盡焚第八識內所知障、煩惱障習氣；而且八識盡轉捨所有有漏種子，並轉成以無漏智爲體，無上正等菩提能依的部分——大圓鏡智、平等性智、妙觀察智和成所作智四智；同時，佛亦以眞如爲自性身，成爲報身——受用身、食身——和化身所依，形成無上正等菩提所依部分——三身。報身是以自利圓滿爲相，於報土恆爲地上菩薩宣說大乘法教；化身是以利他圓滿爲相，於現象世界隨緣示現，利益眾生。這就是說：無上正等菩提是以無漏智爲因，以利樂眾生爲果，「一切種如智，修淨法界因；利樂化眾生，此果亦無盡」。

佛轉依後以眞如爲自性身，我們稱之爲法身眞如，其眞如部分是自性身，其無漏智部分是法身——一個具有無生、無我和純善二利的圓滿境界，是一切眾生解脫的泉源。清淨的菩薩依這自性身才能享用報身佛的法宴，染污的凡夫亦要依這自性身，才能得到種種方便，得享利他成熟的救贖。雖然佛的自性身對眾生那樣重要，但祂卻是凡夫甚至是二乘聖賢難以捉摸的境界。月稱菩薩在《入中論》中更明言，佛的自性身只有自己的報身才能覺察它的存在！「盡焚所知如乾薪，諸佛法身最寂滅。爾時不生亦不滅，由心滅故唯身證」。彌勒菩薩亦說：「平等微細身，受用身相合。」報身和化身的差異除了前者以自利成就爲相，後者以利他成就爲相「二身二利成」外；報身有所謂五決定，化身有所謂五不定。五決定指報身五種特點。處決定：永住於奧明等淨土；導師決定：具足三十二相、八十種好；眷屬決定：佛的四周唯是地上菩薩圍繞；時決定：恆常無間地演說大乘正法；法決定：只說大乘經。五不定指化身五種特點。處不定：在六道中隨緣示現；時不定：隨所度有情心意成熟時才顯現；導師不定：

應以何身得度便以何身度之；眷屬不定：化身有三乘弟子；法不定：化身演說三乘教法。

戊二 宣說以具彼功德之無上菩提體因果等六相

己一 真實義

庚一 無上菩提之本體

五十六　二障已永除，法如得清淨；
諸物及緣智，自在亦無盡。

由於以根本智和後得智去除煩惱障、所知障習氣，真如本自清淨的特性顯露，修行人徹底改變對「真如」的迷執，不再生起染法。此外，修行人亦藉根本智和後得智，轉捨緣依他起性上所生起的遍計所執而證得圓成實性，如是修行人自在地住於大涅槃，並以大菩提相續作用，無止息地利益眾生。

前面頌十二已具體說過佛果的成因——透過轉依而得無上菩提。所謂轉依，是將無始輪迴以來隨逐著修行人的煩惱障和所知障的種子捨離，顯得大涅槃和生得大菩提這兩種無漏究竟圓滿白法，成就佛果。這種轉依是透過修行人本身極清淨出世智道，亦即無漏無分別根本智，和無邊所識境界智道，亦即無漏有分別後得智，而達致圓滿。（註釋146）

頌文中「法如」指眞如；「諸物」，指一切有為法根本所依阿賴耶識，屬依他起性；「緣智」，是見眞如的無漏無分別的根本智和見現象的無漏有分別的後得智。「諸物及緣智」，是指修行人透過二智將阿賴耶識內能、所的習氣種子遣除，損之又損；最後，得到「自在亦無盡」的無上正等菩提。換言之，能轉依的是根本智和後得智；所轉依有兩種：持種依是第八識，迷悟依是眞如。

庚二 無上菩提之因

五十七　一切種如智，修淨法界因；

> 恆常修習無漏無分別智——般若波羅蜜多，修行人就能改變對真如的迷執，並能使真如本自清淨的特性顯露，同時亦是無上菩提之因。

庚三 無上菩提之果

利樂化眾生，此果亦無盡。

無上菩提能為眾生於輪迴未空期間，無止息地有效提供暫時性和永久性的利樂。

佛能提供暫時和永久兩種利益給眾生。所謂暫時的利樂是勝生安樂，永久的利樂是定善解脫。誠如聖天菩薩說：「如來所說法，略言唯二種：不害生人天，觀空證涅槃。」（註釋147）不害生人天就是修十善法得生人天善趣，這是暫時性的利益；修空觀得般若波羅蜜多證無上菩提，這是定善解脫；是佛帶給眾生的永久利益。

庚四 無上菩提之業

五十八　發起身口心，三業恆時化；

住於真如界的自性身，以善巧的方法展現出身、語、意三業，恆時教化眾生；

庚五 無上菩提之用

二門及二聚，方便悉圓滿；

發揮三昧門和陀羅尼門，以及無量的福德聚和智慧聚能力，佛具足力量化度眾生。

轉依後，佛以眞如爲自性身，雖住眞如法界，但仍能透過二門，所謂定力和咒力；以及以二聚，所謂無漏的福慧資糧來化度眾生；若眾生應可成熟，法身就以善巧方法，透過身語意三業如「月映百川」般化度眾生。米滂仁波切舉例說明，無上菩提之身化現方便：如應以如來身得度，乃至示現天龍等種種身相；皆以何等身相示現。語傳授正法：如以化身金口親宣，或從虛空、牆壁、樹木等發出聲音。又透過心意來加持弟子，如佛加持舍利弗尊者、善現長老，令其宣說《大般若經》。這些都是化身佛透過三業成熟眾生的例子。

庚六 無上菩提之分類

五十九　自性及法食，變化位差別；
此由法界淨，諸佛之所說。

從自性角度而言為法身；從顯現而言，為讓菩薩眾受用妙法是圓滿受用身；從種種化現利益眾生而言，為變化身。這是由於真如法界本自清淨，而諸佛轉依後才能以真如為自性身。

頌文中的「法食」，是指爲讓廣大菩薩眾享用法宴而顯現的受用身，是報身的同義詞。「此由法界淨，諸佛之所說」。意思是：佛的法、報、化三身的建立，都是依止諸佛以眞如爲自性身（註釋148）；而自性身極爲清淨，如果眞如不是本自清淨的話，當修行人客塵清淨之後，諸佛便不能以眞如爲自性身，三身亦無所依止。

己二 別說分類

庚一 宣說所依三身

辛一 略說

六十　性身及食身，化身合三身；
應知第一身，餘二之依止。

佛三身分別是自性身、受用身和變化身；自性身是受用身和變化身所依。

世親菩薩在《論釋》說：「一切諸佛有三種身；一者自性身，由轉依相故。二者食身，由於大集眾中作法食故。三者化身，由作所化眾生利益故。此中應知：自性身爲食身、化身依止；由是本故。」意思是：佛有自性身、受用身——食身，和變化身——化身，三種存在狀態。諸佛轉依後，以眞如爲自性身，其眞如部份爲自性身，其智部份爲法身；受用身是爲了讓眾多地上菩薩，於聚會中享用圓滿佛法而顯現的狀態；變化身是爲了實現弘法利生的目的而顯現在世界各地各處。而三身中自性身是根本，受用身和變化身依止於自性身。

辛二 廣說

壬一 各別宣說三身

六十一　食身於諸界，受用有差別；
眾生名身業，一切皆異故。

在一切清淨世界中，受用身攝受不同的菩薩眷屬，不同的受用土，不同的佛號，不同的身形，宣說不同的大乘教法，不同的事業；一切悉皆不同。

受用身的意思是：在五種決定下，圓滿受用清淨的資財，又稱報身。五決定是處決定、導師決定、眷屬決定、時決定和法決定。五決定是佛以報身狀態，在不同的剎土例如色究竟土、妙喜淨土、具德淨土、極樂淨土和勝業淨土中顯現；這就是處決定。導師決定是指諸佛名號眾多，如大日如來、不動佛、寶生佛、阿彌陀佛和不空成就佛。眷屬決定是指攝受在這些淨土中的有情，全是文殊、普賢、觀音和地藏等大菩薩。時決定是指恆常無間斷地演說正法。法決定是指所說全是大乘經教。

六十二　平等微細身，受用身相合，
應知受用身，復是化身因。

自性身是平等清淨，微細得難以捉摸；而受用身是為了讓菩薩眾受用佛所說圓滿正法，由自性身等流而生；為了完整地令菩薩眾受用法樂，亦生起清淨受用土。

接著，彌勒菩薩介紹自性身。世親菩薩《論釋》說：「平等謂自性身，一切諸佛等無別故；微細者，由此身難知故！」意思是說：諸佛轉依後，皆以眞如爲自性身，諸佛在這眞如內，沒有任何勝劣高下，一切平等；而眞如的清淨性，亦平等地不增不減（註釋149）。自性身微細，是指法身眞如不是心識所行境界，凡夫固然把捉不到，就連聲聞、緣覺亦不能想像佛自性身的偉大境界。「受用身相合」，當佛轉依後，由於心、心所已停止；作爲眞如部分的自性身和無漏無分別智的法身，如水注水，無可分別。這時從世俗名言角度，安立受用身證彼佛果。（註釋150）所以受用身被視爲由自性身等流而出，法身和報身關係極爲密切。「應知受用身，復是化身因」，經對勘梵文英譯本後發覺，「化身」應是「報身」傳寫之誤。「應知受用身」的「身」字，不是解身體，而是用作量詞，解作眾多的，即眾多受用資財條件。世親菩薩解釋這句說：「由所欲受用一切示現故。」意思是：佛爲了令菩薩眾能受用圓滿的法財，所以不單示現能說法的受用身，更變現出清淨的受用土和資財。

六十三　化身無量化，是故名化身；
二身二利成，一切種建立。

佛能化作無量身，於世間利益不清淨的凡夫，令他們成熟，這就是化身。事實上，當佛智成辦，佛便以報身住於剎土為菩薩說法，又以化身成熟世間凡夫；以報身成辦自利圓滿，以化身成就利他圓滿。

世親菩薩《論釋》云：「二身者謂食身、化身；二利者謂自利、他利。食身以自利成就爲相，化身以他利成就爲相。如此二利，一切種成就故。」一切種指佛智；當佛轉依得到佛智，成就法身後；再以報身── 食身、受用身── 爲清淨的菩薩例如修道位菩薩在報土說法，這就是自利圓滿；並以無數化身成熟利益世間凡夫，這就是利他圓滿。

六十四　工巧及出生，得道般涅槃；
示此大方便，令他得解脫。

化身是透過工巧佛像，讓弟子供養積聚福業；又或出生為不同階層職業的人，甚至示現獸畜之身；又透過如釋尊於菩提樹下成道，於娑羅雙樹間示現涅槃；透過這些利他成熟的大方便，令眾生得到解脫。

跟報身五決定不同，化身有五不定。化身在六道中隨緣示現，是處不定；化身隨著有情成熟時機不同而示現，是時不定；化身隨所化度有情根性不同，有時示現爲僧人、官員、獵人、妓女，甚至獸畜；又或示現爲佛像、山丘、橋樑，甚至食物，是導師不定；化身的眷屬弟子可以是二乘或大乘修行人，是眷屬不定；化身所說的教法可以是三乘各類的教法，是法不定。

壬二 三身的三平等及三恆常

六十五　應知佛三身，是佛身皆攝，
自他利依止，示現悉三身。

由於自利圓滿的報身和利他圓滿的化身均依於自性身；所以說佛身已圓滿盡攝三身。

世親菩薩《論釋》說：「應知此三身攝一切諸佛身；示現一切自利、利他、依止故」。意思是說：諸佛轉依後以眞如爲自性身；並且作爲自利圓滿的報身和利他圓滿的化身（註釋151）的依止；無量報身盡攝入報身，無量化身盡攝入化身。所以作爲佛自性身的法身眞如，就圓滿盡攝三身。誠如佛在《能斷金剛般若波羅蜜多經》一再強調：由於法身眞如是眾生得到解脫唯一的源頭，所以，一切佛法是指佛內證眞如時的教法。（註釋152）

六十六　由依、心、業故，三佛俱平等；
自性、無間、續，三佛俱常住。

> 自性身處平等，報身心平等，化身事業平等；所以佛之三身都為平等。自性身自性常住，報身無間說法故常住，化身恆常示現而相續常住；所以佛之三身都為恆常。

世親菩薩說：「由依故，一切諸佛自性身平等，法界無別故。由心故，一切諸佛食身平等，佛心無別故。由業故，一切諸佛化身平等，同一所作故。」意思是說：諸佛自性身皆住於眞如法界，所以平等無別。一切報身於報土向大乘菩薩說大乘教法，其內心意趣平等無別。一切化身隨眾生福報而平等利他成熟；所以佛的三身皆是平等。又說：「由自性常故，一切諸佛自性身常住，畢竟無漏故。由無間常故，一切諸佛食身常住，說法無斷絕故。由相續常故，一切諸佛化身常住，雖於此滅復彼現故。」意思是說：諸佛自性身住於眞如，眞如無有生滅，所以自性常住。報身亦恆常在報土為地上菩薩說法，是為無間常住。化身在輪迴界中此處歿，彼處現；恆常不斷顯現，利益眾生，為相續常住。

146. 「二障種恆隨，彼滅極廣斷；白法圓滿故，依轉二道成」。詳見前文第十六講。

147. 《菩薩瑜伽行四百論．頌二九八》。

148. 佛轉依時，以無分別無漏智盡焚第八識內一切有漏種子；除斷除客障覆障，令「自性清淨法界」顯露，證大涅槃外；佛八識及其相應心所轉成大圓鏡智相應心品、平等性智相應心品、妙觀察智相應心品和成所作智相應心品，證大菩提。諸佛並以真如為自性身，習慣上稱真如部分為自性身，智慧部分為法身；但事實上，兩者是不可分割的。

149. 誠如《能斷金剛般若波羅蜜多經》云：「復次善現，是法平等，於其中間無不平等；故名無上正等菩提。」

150. 宗喀巴在《入中論善顯密意疏》云：「如是佛地妙智所緣真實義中，分別心心所畢竟息滅不轉。無分別智與真實義，如水注水無可分別。故世俗安立，唯由報身證彼佛果也。」見法爾出版社頁415。

151. 如前頌六十三，世親菩薩《論釋》說：「食身以自利成就為相，化身以他利成就為相。」

152. 如云：「善現，如來現前等所證法，或所說法，或所思法，即於其中非諦非妄。是故如來說一切法皆是佛法。」

應用思考問題

1. 彌勒菩薩分析無上菩提的組成不外斷除所知障和煩惱障；改變對真如的迷執，不因此而再生客塵障垢；再捨棄依他起諸物上的遍計所執；例如將阿賴耶識內能、所的習氣種子遣除而證得圓成實緣智，並且自在地自利成熟，利他成熟。試依頌十二和五十六解釋無上菩提的本性。
2. 試依頌五十七說明般若波羅蜜多是得無上菩提之因，輪迴未空亦利樂眾生是無上菩提之果的道理。
3. 試依頌五十八說明無上菩提的功德和事業。
4. 無上菩提就所依可分為三身，於能依可分為四智。試簡略解釋三身、四智。
5. 試依頌六十二說明佛自性身。此外，自性身與法身、法身真如有何異同？
6. 為何報身又名受用身或食身？試依頌六十一說明。
7. 何謂化身？為何說報身是以自利為相，化身是以利他為相？試依頌六十三說明。
8. 報身有五決定，化身有五不定。試依頌六十一及頌六十四說明。
9. 報身、化身均依自性身而建立，而佛轉依後以真如為自性身，所以法身真如就總攝三身。諸佛共說的般若法門，就是緊扣和隨順法身真如的教法。試依頌六十五詳述。

10. 為何說三身俱平等，三身俱常住？試依頌六十六說明。

《大乘莊嚴經論》第21講

上堂已講畢無上正等菩提之所依——佛的三身。修行人在發菩提心後，積累足夠福慧資糧，對佛經有一定認識，立定志向成辦無上菩提，便由資糧位轉入加行位。修行人這時醉心於持戒及修定慧。當完成九住心，到心一境性時，便以福德力獲善知識指導，得身輕安、心輕安。由於持戒嚴謹，定力經初禪到達第四禪，在第四禪經明得定、明增定、印順定到無間定，慧力亦經煖、頂、忍、世第一法四個階段觀能取、所取空；到無間定以世間最高有漏智爲緣，引發出無漏無分別智；初次部份地現證眞如；這就是見道位。這時無漏無分別智又叫根本智，是出生十地菩薩，甚至佛智的根本。自此之後，地地勝進，到第八地得滅盡定，能暫伏能、所二取爲行相，隱藏在第七識緣第八識的現行見分爲「我」的活動中的俱起無明。而修行人百尺竿頭，再奮進至第十地最後心時，盡焚第八識內一切有漏種子習氣；透過轉依活動，圓滿無上正等菩提，成就三身。「二障已永除，法如得清淨；諸物及緣智，自在亦無盡」。無上正等菩提，所謂佛果；從自性角度而言爲法身；從顯現而言，爲讓菩薩眾受用妙法是報身，又稱受用身，本文則稱食身；從種種化現利益眾生而言，稱爲化身，或變化身。而佛自性身爲報身及化身所依。「自性及法食，變化位差別」。「應知第一身，餘二之依止」。

今堂講述無上正等菩提之能依——佛的四智，以及彌勒菩薩引《大般若經》所說無相無分別的般若法門，是直接通達無上菩提的方法。「眞如無爲法，許爲有之最；不緣一切相，許爲緣之最。修行不觀相，許爲修之最；於無所得中，亦許得之最」。凡夫與佛俱爲有情，惟佛是覺悟的有情。凡有情都具八識。凡夫八識都是有漏，經歷劫修行，到轉依成佛後，八識均是無漏。無論如何，第八識都是攝持種子，成爲前七識所依；第七識與第八識並起，有漏的第七識恆審思量、分別人我；無漏的第七識則有四種平等心活動相續；如世親菩薩說：「四平等者：一法平等，由通達法無我故；二眾生平等，由至得自他平等故；三所作平等，由令他盡苦如自盡苦故；四佛體平等，由法界與我無別，決定能通達故。」有漏前六識以了別境爲共通特性，但盡是有質礙，並且是顛倒的；而無漏第六識卻透過總持和三昧二門，大展神通變化。無漏前五識能成就在因位發菩提心時一切對眾生的承諾。「攝持及等心，開法亦作事；如是依四義，次第四智起」。由第八識轉依成大圓鏡智，第七識轉依成平等性智，第六識轉依成妙觀察智，前五識轉依成成所作智。「四智鏡不動，三智之所依；八七六五識，次第轉得故」。附帶一談，地上菩薩在十地修行期間，能部份證得平等性智和妙觀察智，例如初地菩薩爲了救人而捨身，卻沒有絲毫痛苦反應，盡顯自他平等、自他相換的平等性智特性。三淨地菩薩常大顯神通，盡顯妙觀察智，由三昧及眞言門透出無礙神通的能力，這都說明第七和第六識，在因地可以轉依部份的「平等性智」和「妙觀察智」；但前五和第八識就一定要在果位，換言之，成就佛果時才能證得成所作智和大圓鏡智。誠如《六祖壇經・機緣品》所云：「五八、六七果、因轉」。究竟這微細的轉依理論，是六祖自己經驗之談，抑或是別人 教導；就不得而知了。

最後，彌勒菩薩以四首偈頌，總結《大般若經》的般若法門，並強調要得到無上正等菩提，必先修得般若波羅蜜多這種無漏無分別智。

庚二 能依四智

辛一 略說

六十七　四智鏡不動，三智之所依；
八七六五識，次第轉得故。

> 諸佛四智中的大圓鏡智在真如法界中恆常不動，其他諸如平等性智、妙觀察智和成所作智，三者皆依大圓鏡智，並且在利生時有所變動。四智分別由第八識轉得大圓鏡智，第七識轉得平等性智，第六識轉得妙觀察智，前五識轉得成所作智而來。

大乘修行人經歷三大阿僧祇劫，次第斷除有漏煩惱障和所知障；無漏無分別智——般若波羅蜜多——亦日益爐火純青；到成佛轉依時，盡焚八識有漏種子，獨留無漏種子，俗稱轉識成智；四智起而相續，盡未來際，利益有情。

辛二 廣說

壬一 大圓鏡智

六十八　鏡智緣無分，相續恆不斷，
不愚諸所識，諸相不現前。

大圓鏡智因無能、所分別，故無「我所有」；當第八識轉依生起大圓鏡智後，起而相續，盡未來際恆常不斷活動。由於已斷除煩惱障、所知障，所以於一切所緣、所行、所知的境相中，不會生起分別和執取心理活動；由於大圓鏡智是無漏智，所以它不會執取現前諸種境相。

有漏第八識因攝持種子、根身和器界以爲相分，所以本身就具有能、所分別。但轉依後，大圓鏡智所攝持的盡是無分別的無漏種子，所以大圓鏡智是無能、所分別的。世親菩薩說：這偈頌是描述由第八識轉得大圓鏡智的情況，接著描述大圓鏡智的作用。

六十九　鏡智諸智因，說是大智藏；
餘身及餘智，像現從此起。

大圓鏡智是平等性智、妙觀察智和成所作智的因，所以稱為無漏智的庫藏；它亦能現起自受用身和自受用土相應的一切諸法；因此所有身智，例如報身、化身及平等性智、妙觀察智及成所作智的活動狀況，猶如明鏡般可現萬象一樣；皆從大圓鏡智出生。

米滂仁波切說：「爲甚麼名爲大圓鏡智呢？猶如明鏡中映現一切影像般，此智中顯現凡所有的一切所知相，證悟它們如所有等性，證悟盡所有法不相混雜，任運利益所化眾生的三智影像或行相的法相事相，均依於它而出現，因此名爲大圓鏡智。」「如所有等性」即空性，以無漏無分別智證悟；「盡所有法」不相混雜，即遍智，以無漏有分別智證悟。三智行相是指以平等性智利益菩薩，妙觀察智和成所作智利益凡夫眾生。

壬二 平等性智

七十　眾生平等智，修淨證菩提，
不住於涅槃，以無究竟故。

當十地菩薩將往昔見道時生起的四種大悲平等心修煉到純淨無瑕，斷盡我、我所的執著而證得輪涅無別的平等性時，這便是平等性智的體性。

七十一　大慈與大悲，是二恆無絕；
眾生若有信，佛像即現前。

平等性智恆常與大慈大悲等善心相應，並成為「無住涅槃」所依。因為同樣是以神通變化為用的「妙觀察智」所依，故能隨已覺悟的眾生——菩薩意樂，示現種種「他受用身」和「他受用土」。

平等性智由有漏的第七識及其相應心所，例如我癡、我見、我慢和我愛轉依而成。而與無漏的平等性智相應的，唯有大慈大悲等心所。由於修行人未見道前數數修習「自他平等」、「自他相換」等上善大乘禪修法門，在見道時除了生起無漏無分別智外，還生起大悲平等心，登入極喜地。「親近正遍知，善集福智聚；於法無分別，最上眞智生。諸法及眾生，所作及佛體，於此四平等，故得歡喜勝」。（註釋153）菩薩地地勝進，在出世道（註釋154）和滅盡定位暫伏有漏的第七識；到轉依時，以第七識內無漏智觀一切諸法及一切有情，自他悉皆平等。它能示現「他受用身」及「他受用土」；正如稱爲意根的第七識作為意識所依一樣，平等性智同樣成為妙觀察智之所依，因而實現菩薩無住涅槃的使命，盡未來際救度有情。

壬三 妙觀察智

七十二　觀智識所識，恆時無有礙，
此智如大藏，總持三昧依。

妙觀察智是一種恆常無礙通達諸法自相和共相的智慧。它儼如大寶藏，是無量總持門和三昧門所依處。

七十三　恆在大眾中，種種皆示現；
能斷諸疑網，雨大法雨故。

妙觀察智能恆常在如來眷屬聚會中，顯現種種神通變化；並能在菩薩海會中說法，斷一切疑，降下大乘正法法雨。

由有漏第六意識及其心所轉依而成妙觀察智。

壬四 成所作智

七十四　事智於諸界，種種化事起。

成所作智能藉著種種的化現，在三界六道中圓滿一切眾生的願望。

七十五　無量不思議，為利群生故。

為了利益眾生，佛化身的數目，無法計算，而所應化的地方，亦浩瀚無邊。事實上，佛的化現是凡夫難以思量的。

爲甚麼佛化現的數目和所到之處無量無數，化現的情況又不可思議呢？因爲佛能於同一時間，悉知散佈在不同世界中一切有情的成熟狀況（註釋155），佛亦能隨順眾生不同種性、根機和意樂而以神通變化給予調伏及利樂。

辛三 宣說四智的特性

七十六　攝持及等心，開法亦作事；
如是依四義，次第四智起。

大圓鏡智由善攝持一切無漏種子故，平等性智以大悲平等心故，妙觀察智以善觀諸法自相和共相所謂如所有性和盡所有性而自在大轉法輪故，成所作智是成就往昔發心時承諾的一切度化眾生事業。

庚三 無上菩提離一、異之特性

質疑：諸佛轉依後皆以眞如爲自性身，是否即是說整個眞如法界只有一佛？

解惑：前文頌二十六已說明，不能以「一」或「多」的概念來解讀法身眞如。

七十七　性別及不虛，一切亦無始；
無別故不一，依同故不多。

諸佛轉依後以真如為自性身，在這真如內，不能視諸佛但為一佛。因為諸佛種性各有差別；諸佛在因地時各有不同的菩提大願；修行人積累無量福慧資糧，當轉依成佛時，各自不同的福慧資糧招感不同的報身、報土；如果只一佛，後世所有修行佛法都成無義之舉；如果只有一佛，祂應天生就是佛，不須經歷修行而成佛，這與神我之說同樣無稽；由於性別、不虛、一切、無始和無別這五種原因，所以法身真如非但一佛。相反來說，轉依後諸佛皆以真如為自性身，所以法身真如亦非多佛。

世親菩薩在《論釋》說：「此偈顯示諸佛不一不多。不一者：由性別故，不虛故，一切故，無始故，無別故。性別者；由無邊諸佛性別，若言唯有一佛而有當得菩提者，是義不然，故佛不一。」這首偈是說法身眞如內不能說只有一佛，亦不能說有很多佛，因爲無上菩提佛果根本不能以「一」或「多」來形容描述。由於性別、不虛、一切、無始和無別這五個原因，所以法身眞如內不能唯有一佛。第一、因爲有很多修行人都具備大乘種性，都可成佛；所以說唯有一個修行人才能成佛，說不通。「不虛者，若福智聚虛則應餘菩薩不得菩提，由二聚不虛故，是義不然；故佛不一」。修行人經無量劫積累福慧資糧，轉依成佛後，這些福慧必定因果相續，所不同者，無量福慧皆由般若無漏智所攝持，但由因果力，福聚必不唐捐（註釋156）。而其中由不同修行人所持的福聚，必各招感不同的自受用身、自受用土，他受用身、他受用土。所以法身眞如唯有一佛是說不通的。「一切者，若言唯有一佛，則應是佛不利益一切眾生，由佛建立一切眾生作佛故，是義不然，故佛不一」。佛要令一切眾生皆得解脫，皆能成佛；如果說法界內只有一佛，即是說佛由始至終未曾令一個眾生成佛，因爲後世再沒有眾生接著成佛故；所以唯有一佛的說法是不對的。「無始者，若言唯有最初一佛，是佛應無福智二聚而得成佛，是義不然，故佛不一」。如果說眞如法界只有一佛，那麼這一位佛是天生而有，而不是依著佛佛相傳成佛之道而修行成佛；這明顯與佛所說相違；所以法身眞如唯有一佛亦說不通。「無別者，若言有別佛無福智二聚，是義不然，故佛不一」。如果說只有一佛依福智二資糧而成佛，其他佛是不需福智資糧而成佛；試問依靠甚麼來斷證圓滿，轉依成佛呢？所以不能說眞如法界唯有一佛。

「不多者，由依同故；一切諸佛法身由依無漏界故。」不能以「多」來理解佛在眞如界內的數目，因爲諸佛轉依後均以眞如爲自性身；諸佛的法身，無形無相，平等地安住於無漏眞如法界內，正如前文頌二十六說：「諸佛無漏界，非一亦非多；前身隨順故，非身如空故。」諸佛住於無漏眞如法界；由於諸佛共同依於眞如而爲自性身，所以非多；但諸佛在往昔因地圓滿菩薩地道功德，轉依成佛時各有三身正報依報，所以非一。

接著，世親菩薩說：「已說諸佛智，次說入佛方便。」這和米滂仁波切所作的科判明顯有出入，所以由頌七十八至結尾頌八十五；我會依世親菩薩《論釋》另作科判。

戊三 取證無上菩提之方便

接著，彌勒菩薩介紹如何以無相的無漏無分別智，亦即般若波羅蜜多，緊扣和隨順眞如理修行，就可以證得無上正等菩提，並強調這是智者選擇的修行之道。

七十八　分別若恆有，真實則永無；
分別若永無，真實則恆有。

若恆常有能、所二取分別，則永不能見法身真如；相反來說，能遣除能、所二取，就馬上見道；如斷盡第八識內能、所二取及所衍生的二障習氣，就能轉依證成佛果。

如前〈發心品・頌八〉說：「親近正遍知，善集福智聚，於法無分別；最上眞智生。」當修行人善巧地積集足夠的福慧資糧，就能生起於一切法遠離能取、所取的無漏無分別智，親見法身眞如。又如前〈菩提品・頌十二〉說：「二障種恆隨，彼滅極廣斷，白法圓滿故，依轉二道成。」依大乘道次第修行，到十地圓滿；透過無漏無分別根本智和無漏有分別後得智，斷除能、所二取所衍生的所知障、煩惱障的習氣，顯得大涅槃和大菩提這兩種圓滿白法，就叫轉依。所以無論見法身眞如抑或圓滿轉依以眞如爲自性身，先決條件是遣除盡斷第八識內能、所二取。而就所緣境相而言，能遣除對所緣相的執著是最殊勝的修行。誠如寂天菩薩說：「若實、無實法，悉不住心前，彼時無餘相，無緣最寂滅。」（註釋157）

註釋

153. 〈發心品・頌八及九〉。

154. 出世道泛指有無漏智出現的修道階位，例如十地。

155. 如《能斷金剛般若波羅蜜多經》云：「善現，乃至爾所諸世界中所有有情，彼諸有情各有種種，其心流注我悉能知。」

156. 誠如佛在《能斷金剛般若波羅蜜多經》說：「諸有發趣菩薩乘者，終不施設少法若壞若斷！」

157. 《入菩薩行・智慧品・頌三十四》。

應用思考問題

1. 凡夫與佛同屬有情，所不同者，佛是已覺悟的有情。凡有情都有八識；不同者凡夫是有漏的八識，而佛已轉有漏八識成無漏八識，並可將無漏八識歸納為四智。試依頌六十七說明。
2. 大圓鏡智所攝持的都是無漏智種子，其特點是對所緣、所行、所知的種種境相不會生起能、所分別和執取心理。試依頌六十八說明。
3. 試依頌六十九說明大圓鏡智的作用。
4. 試依頌七十說明菩薩如何以四種大悲平等心，所謂法平等、眾生平等、所作平等和佛體平等，將有漏第七識轉成無漏的平等性智。
5. 平等性智為妙觀察智之所依，能令修行人無住涅槃，並示現他受用身及他受用土，為菩薩眾說法。試依頌七十一說明平等性智的作用。
6. 試說明有漏意識轉依成無漏的妙觀察智時，慧心所和定心所亦隨之轉成清淨的總持和三昧，為大展神通變化而提供基礎，試依頌七十二及七十三說明。
7. 試依頌七十四及七十五說明成所作智及其作用。
8. 試依頌七十六說明佛四種無漏智的特性。
9. 諸佛轉依後以真如為自性身。如此說，於這清淨真如法界內諸佛的數目是一呢？抑或是多呢？彌勒和世親菩薩都說於法身真如內諸佛不一不多，這亦說明佛教既非一神論，亦非多神論。試依頌七十七說明。

10. 彌勒菩薩強調：欲證得無上正等菩提者，遣除能、所二取是最直接了當的方法。這種方法源自《般若經》無我想轉、無法想轉的倡議。試依頌七十八及《能斷金剛般若波羅蜜多經》說明。

《大乘莊嚴經論》第22講

上兩堂分別解釋無上正等菩提的所依——佛的三身，而且應知法身是報身和化身的依止。「應知第一身，餘二之依止」。同時亦提到佛將有漏八識轉依成無漏四智，而其中最重要的是攝持無漏種子的大圓鏡智，它除了轉依成自受用身和自受用土外，亦成爲平等性智、妙觀察智和成所作智之所依。「四智鏡不動，三智之所依」。在此我要強調一點，四種智並不等於無漏的八種識，而是各別與無漏八識相應的無漏慧心所。彌勒菩薩因此認爲法身和大圓鏡智的體，就是無漏無分別智；亦即我們俗稱的般若波羅蜜多。所以祂在〈菩提品〉結尾部份特別用四頌強調修煉無分別、無所得和無所見的般若波羅蜜多，是穩妥快捷以取證無上菩提的方法。祂重申：修行能遣除能取、所取的法門是最上乘的修行法門，圓滿證得無所得的眞如勝義境是最殊勝的證境；「欲修最上修，不見一切修；欲得最上得，不見一切得」。彌勒菩薩強調，無論以任何法門，只要能激發出第八識心田中無漏無分別種子，使之現行；那便距離法身眞如日近；相反，若任意讓心田有漏有分別種子現行，則去聖日遠矣。「分別若恆有，眞實則永無；分別若永無，眞實則恆有」。由於般若法門是諸佛共說，又是穩妥直接的修行方法；所以它能作爲大乘佛子修行上正邪、對錯的標準；例如執著具足外表三十二相、八十種好就是佛，忽略非相具足的法身佛；執著自己修行成就的覺受、時間和著意別人對你的讚嘆，這些都是所謂「履邪斷」的可憐蟲；就算再加倍用力，即使時間再久，卻距離佛愈遠。彌勒菩薩亦只能提醒「履邪斷」者「緣此速得佛，去佛菩提遠」。接續再重申：即使修行人能觀諸法皆空，其實都只是心識活動下的假立分別，就算能觀的諸法皆空的智慧，亦只是假立分別，毫無自性；如此，這位菩薩便很快成就無上菩提。「菩薩無分別，說彼速成佛」。最後，彌勒菩薩鼓勵尚在修道位的菩薩要以圓滿無上菩提爲目標，不可有放逸驕慢之心；因爲菩薩未臻圓滿的偏智如河流，而佛的圓滿遍智如大海；佛的功德事業遠勝菩薩。「如是諸別解，別意亦別業；解少利益少，未入佛體故」。

彌勒菩薩繼續介紹得獲無上菩提法門——無相般若的精義：

七十九　欲修最上修，不見一切修；
欲得最上得，不見一切得。

修行能遣除能取、所取的法門，是最上乘的修行法門；圓滿證得無所得的真如勝義境，是最殊勝的證境。

由於初地菩薩以無漏無分別智遣除能、所分別；由於現前無可見的「相分」，所以得現見眞如；自此之後，地地勝進；及至第十地，菩薩日益精進修持無漏無分別智。所以說無漏無分別智亦即是般若波羅蜜多，是菩薩最上乘的修持法門。轉依時，由無所得而圓滿體證眞如無生、無我和二利圓滿的境界；這種無所得的體證經驗，就是最殊勝的體證。

八十　尊重及長時，觀佛希有法，
緣此速得佛，去佛菩提遠。

如果一個修行人認為自己誠敬佛陀，又已長久奉持甚深佛法，在精進不懈下已掌握竅訣，並已獲得成就徵兆；那麼這人會因我慢而相去與無上菩提距離甚遠！

世親菩薩解釋若修行人執有我想，例如「我能修行」，則去佛甚遠的原因：「何以故？彼有慢故。」這個慢專指「我慢」，它是與末那識相應的一種煩惱心所。因第七末那識於自所緣阿賴耶識見分起我見，並因此而產生倨傲，恃所執我，令心高舉。這修行人既尚有我慢，連第八地暫伏末那識執我的能力也未有，遑論圓滿無上菩提。

八十一　觀法唯分別，此義如前知！
菩薩無分別，說彼速成佛。

相反，如果修行人如前所述能觀諸法都只是心識活動下的假立分別，就算連能觀諸法皆空的智慧亦是假立分別；這位菩薩很快便成就無上菩提。

所謂無分別，就是認知到在一切心識活動下所產生能取的智和所取的境相都只是名言假立，二元建構；種種異體相續的我相、法相都無丁點兒自性存在，菩薩依這無所得的無分別智，無障礙地體證無生、無我和二利圓滿的眞如理，直接獲得無上正等菩提。誠如世親菩薩在《論釋》說：「若菩薩觀一切諸法唯是分別；觀彼分別亦無分別；即漸次地得入彼無生忍位。」

戊四 圓滿無上菩提為大乘道之究竟

以下四頌是說明諸佛的究竟事業，從而彰顯出無上正等菩提的可貴。

八十二　應知諸河水，別依亦別事；
水少蟲用少，未入大海故。

未能圓滿無上菩提的菩薩事業，就好像未流入大海的河流，雖然能形成河床及眾多支流，但畢竟流水量少，能養活水中的生物數量亦少。

八十三　一切入大海，一依亦一事；
水大蟲用大，亦復常無盡。

佛的圓滿無上菩提事業，就像流入大海的河流，與所依的大海混為一體，與海水同一鹹味；事業亦如海洋般廣大浩瀚，能養活眾多海洋生物。

八十四　如是諸別解，別意亦別業；
解少利益少，未入佛體故。

就是這樣，菩薩尚在十地之內修行，未能圓滿無上菩提成就佛果前，祂們的度生事業亦按照在十地內體證真如多少的程度、勇猛意樂程度而有不同。一般來說，低階位的例如一、二地菩薩，因為體證少部份真如，所以解脫功德亦少，利益眾生的事業亦因而很有限。

解，指修行人部分或圓滿證眞如所得的解脫情況；一般來說，越高階位的菩薩越接近圓滿證得眞如；正如《能斷金剛般若波羅蜜多經》說：「以諸賢聖補特伽羅皆是無爲之所顯故。」意，指菩薩趣向無上菩提的勇猛意樂；例如往昔釋尊勇猛實踐自他平等、自他相換的修行，多次捨身及攝受耶輸陀羅，積極遣除能所二取的執著，都決定釋尊早證菩提，成就廣大利生事業。

八十五　一切入佛體，一解亦一意；
解大利益大，極聚亦無盡。

諸佛轉依時均以真如為自性身，祂們悉皆平等地獲得圓滿的無上菩提佛果，安住於無住涅槃。由於自利圓滿，所以亦得到盡未來際利益無量眾生的利他事業成就。

由於諸佛轉依後皆以眞如爲自性身，同時亦因爲諸佛再沒有能所分別的有漏種子，不再招感有個別五蘊相續的生命；所以祂們能如百川入海，同成一味般融爲一體，同時又具備猶如海洋蘊藏無盡資源例如十力等成辦利他事業的品質，故能盡未來際利益一切有情。誠如月稱菩薩這樣歌頌佛十力這種「解大利益大，極聚亦無盡」的利生功德說：「此清淨行隨欲轉，盡空世界現一塵，一塵遍於無邊界，世界不細塵不粗。佛無分別盡來際，一一剎那現眾行，盡瞻部洲一切塵，猶不能及彼行數。」（註釋158）

最後，彌勒菩薩勸勉修行人應發心精進修行，早日修證無上正等菩提。

八十六　無比圓白法，眾生利樂因。
樂住無盡藏，智者應求發。

佛陀具足圓滿白法——無上正等菩提，祂是眾生

> 利樂的泉源，而在這泉源更有取之不盡的完美和安樂；所以智者內心應趣求無上正等菩提。

至此，彌勒菩薩已把全經五義中前四義說畢，所謂「譬如金成器」的〈成宗品〉，「譬如花正敷」的〈皈依品〉至〈二利品〉，「譬如食美膳」的〈眞實品〉、〈神通品〉和〈成熟品〉和「譬如解文字」的〈菩提品〉。如果將這四譬喻相對應的章節合成起來，就儼如一部大乘修行次第論。這個「大乘」其實是指環繞二轉法輪的佛說《般若經》而言；事實上，如果將趣向大乘修行解讀爲成就佛果；到目前爲止，恐怕離開「般若波羅蜜多」——這種根本智、無分別智、無漏智，便沒有圓滿無上正等菩提的可能。

註釋

158. 見《入中論・究竟佛地・頌二十六及二十七》。意思是說：佛以往昔大悲心所發弘誓和無分別念的神力，在時間上能盡未來際於每剎那重演自利利他的佛行事業；在空間上更能將自利利他的清淨佛行，透過擴展一粒微塵變成盡虛空般世界，和將盡虛空般世界收入一微塵的神力，到處展現如恆河沙數的佛行事業。

應用思考問題

1. 彌勒菩薩提出要穩妥快捷達致無上正等菩提的法門；首推佛二轉法輪所說的般若法門，「分別若恆有，真實則永無；分別若永無，真實則恆有；欲修最上修，不見一切修，欲得最上得，不見一切得」。這兩頌娓娓道出般若法門的心髓：「無分別」、「無相」、「無所得」和「斷除能所二取」。試依頌七十八及頌七十九說明般若精義。
2. 彌勒菩薩提到達致無上菩提的高速公路是無所得、無所見；如果覺得有丁點兒成就徵兆在前，有丁點兒掌握到竅訣，這人離見道已甚遠，遑論成佛。試依頌八十說明。
3. 一如釋尊在《能斷金剛般若波羅蜜多經》諄諄教導徒弟，對於三藏十二部，包括如來現前等所證法，或所說法，或所思法，即於其中非諦非妄；不能執之為實，亦不能視為妄言；用彌勒菩薩的說話，就是「觀法唯分別」。即使我們奉行般若法門，甚至得到莫大的利益，亦要知道這些都是虛妄心識活動。祂更要求修行人在心內激活無漏無分別種子，培養善緣，讓它們成熟，試依頌八十一說明。
4. 二乘修行人所獲功德事業比菩薩少，而菩薩比佛功德事業少，彌勒菩薩就以河流和大海作為譬喻。試依頌八十二及八十三說明。
5. 何謂「別解」、「別意」？為何影響和限制了菩薩的廣大事業？試依頌八十四、八十五說明。

6. 由〈緣起品〉至〈菩提品〉是《大乘莊嚴經論》上半部，是彌勒菩薩將大乘菩薩由初發心至成佛整條大乘道次第擘劃出來。而由〈明信品〉至〈敬佛品〉則將如何修持無上菩提相應法的明細一一臚列出來。試將上下兩部份的章節品名依五義、五譬喻列表分類。

NOTE

NOTE

NOTE

NOTE

NOTE

國家圖書館出版品預行編目資料

無上菩提修行藍圖：《大乘莊嚴經論》解說. 上 / 金剛上師 卓格多傑傳講. -- 初版. -- 新北市：華夏出版有限公司, 2022.05

面；　　公分. --（Sunny文庫；206）

ISBN 978-986-0799-72-9（平裝）

1. 瑜伽部

222.13　　110018627

Sunny 文庫　206

無上菩提修行藍圖：《大乘莊嚴經論》解說（上冊）

傳　講　金剛上師 卓格多傑
印　刷　百通科技股份有限公司
　　　　電話：02-86926066　傳眞：02-86926016
出　版　華夏出版有限公司
　　　　220 新北市板橋區縣民大道 3 段 93 巷 30 弄 25 號 1 樓
　　　　電話：02-32343788　傳眞：02-22234544
E-mail　pftwsdom@ms7.hinet.net
總經銷　貿騰發賣股份有限公司
　　　　新北市 235 中和區立德街 136 號 6 樓
　　　　電話：02-82275988　傳眞：02-82275989
　　　　網址：www.namode.com
版　次　2022年5月初版一刷
特　價　新台幣 550 元　（缺頁或破損的書，請寄回更換）

ISBN-13：978-986-0799-72-9
《無上菩提修行藍圖》由金剛上師 卓格多傑同意華夏出版有限公司出版繁體字版